机动化对城市发展的影响及对策研究
——基于阿朗索模型的分析

The Impacts of Motorization on Chinese Cities and Its Policy Implications:

Analysis Based on Alonso Model

戴特奇　著

社会科学文献出版社
SOCIAL SCIENCES ACADEMIC PRESS (CHINA)

摘　　要

　　城市是经济增长的主要空间依托，交通是城市高效运作的命脉，但世界各地却普遍存在交通拥挤等城市交通问题。多数城市的公共交通在私人汽车的强大竞争面前逐步走向了衰落，这一衰落与城市快速发展的郊区化进程相互作用，造成了城市交通中私人汽车的统治地位及其对应的城市形态：小汽车依赖性和城市蔓延，给环境、土地、能源等方面带来了沉重的压力，威胁着城市的可持续发展。

　　近年来，中国逐步进入机动化社会，交通拥挤开始困扰中国的城市，且随着21世纪以来机动化的加速有日益严重的趋势。汽车改变了人们对空间的感受尺度，推动着城市郊区化和空间重构。汽车对中国城市发展的冲击是中国城市发展的最新动向之一，且将对中国城市产生更加深刻的影响。中国城市必须正视汽车日益增强的影响，并采取积极的对策。这正是本研究立论的出发点。在研究中国快速机动化对城市发展影响的过程中，本书从理论和实证两个方面进行了分析，一方面努力将城市经济学模型引入城市交通地理学来分析机动化与城市发展的关系，同时总结了世界其他城市的发展规律，在实证研究基础上考察了中国机动化进程对城市发展产生的影响，内容涉及居住、就业、商业等各个方面。本书的主要结论有：

　　（1）中国的机动化进程将继续快速发展，对城市交通的压力也会继续增大，对土地、能源等方面的压力也将更为突出。面对机动化及其带来的压力，中国城市的发展战略需要在城市与交通之间的适应性上做出符合可持续发展理念的选择。

　　（2）城市经济学模型对交通与城市发展有较强的解释力，本书在双交通模型框架下，很好地刻画了城市的经济发展水平、农业用地成本、交通系统供给状况、各种交通模式定价、机动车使用水平等因素之间复杂的互动关系。同时通过敏感性分析较好地分析了相关政策的有效性。

（3）模型敏感性分析发现，收入增加是城市用地扩展、紧凑度降低的根本动力。小汽车使用价格对城市紧凑度、小汽车使用水平和城市地租水平影响都较大。交通用地供给状况对小汽车使用水平和交通拥堵的影响也较大，尤其公共汽车道路用地的增加将较大地降低私家车使用水平，公交专用道是有效的反机动化措施。

（4）中国的机动化与郊区化之间存在较强的联系，居住、就业与商业的空间区位选择一方面造成了机动化进程的加速，另一方面也受到机动化进程的冲击，使得城市空间有重构的趋势。

（5）制定合理的价格政策、大力发展公共交通和完善城市基础设施，是引导城市紧凑发展的有效政策。

Abstract

The economic growth happens mainly in city space while transport is the key factor for city. However, towns and cities across the world are bothered by transport problems, which chiefly caused by the competition from private cars; rising car use creates severe congestion and has led to a sharp decline in the patronage of public transport. Motorized vehicles also contribute to suburbanization and urban sprawl. Cities with high automobile dependency consume more land and energy, thus threatens the sustainable development of cities.

Motorization process in China has been accelerating and explosive since 2000, and many cities are experiencing congestions which has a trend of aggravating. Urban transportation and urban development are inevitable entwined. Automobile changes people's space conception, stimulates urban expansion and reshapes urban form and structure. Over years, research has sought to disentangle this problem by setting its own presumptions and data background, which almost subject to dispute, thus the research on Chinese motorization and its impact is a new challenge due to its special context.

This paper deals with the study from two respects: model analysis and empirical research. As a try to introduce urban economic models into this geography of urban transportation, the Mills model with a bimodal transportation system is used to analyze the relationship between city size, population density, car use and urban transport supply. This paper also focuses on the impact of motorization on city structure. The characteristics and trends of restructure of resident space, employment distribution and commercial space are discussed based on an international persperctive. The main conclusions include:

(1) The motorization process of China will keep on in a rather rapid speed and put more pressure on urban transport, lands consume and energy conserve.

(2) The Mills Model with a bimodal transport system (Bi-T Model) is introduced into this paper, and explains well the relationship between city wealth, rent of agriculture land, urban transport supply, prices of modes and car use, which makes them a powerful tool for policy analysis.

(3) There are strong links between China's motorization and suburbanization. The latter causes the former faster and leads to the phenomenon of passive motorization, and the former is an important force for urban restructure.

(4) The sensitive analysis reveals the relationship between several variables which is heuristic for policy making. For example, the urban expansion and decentralization are unavoidable in the framework Bi-T Model because the growth of income is a dominatnt factor to expand city's radius and make it less dense; the regulation on price of car use is an important policy option for boundary control because out-of-pocket cost can affect city size, population density and land rent greatly; and bus lane is an effective anti-motorization measurement.

(5) Making a reasonable price scheme, building a well-performed public transportation system and building a good infrastructure are important to guide people use less cars and develop a compact city.

目 录

前　言 ··· 001

第一章　引言 ·· 001
1.1　研究背景与意义 ·· 003
1.2　内容与创新 ·· 012
1.3　研究技术路线 ··· 015

第二章　机动化相关研究进展 ·· 016
2.1　相关研究方法及其结论 ·· 016
2.2　国外关于小汽车影响的争论 ·· 030
2.3　机动化影响下的城市规划思潮与实践 ·· 038
2.4　国内研究评述 ··· 041

第三章　中国机动化的特征与趋势 ·· 045
3.1　相关的概念辨析 ·· 045
3.2　中国机动化的基本特征 ·· 047
3.3　机动化进程的 S 理论及驱动因子 ·· 049
3.4　机动化增长曲线的模型修正与模拟 ··· 054
3.5　小结 ··· 059

第四章　机动化对城市规模和密度的影响 ··· 061
4.1　交通模式与城市规模的一般关系 ·· 061

4.2 单交通模式下的城市空间规模及其密度 ·················· 072
4.3 双交通模型分析：Mills 静态模型扩展 ··················· 094
4.4 小结 ··· 114

第五章 机动化对城市空间结构影响的实证分析 ················ 119
5.1 小汽车的特殊性及其对城市结构的影响 ················ 119
5.2 郊区化与机动化的相互影响 ································ 125
5.3 机动化下消费行为对商业空间的重构作用 ············ 134

第六章 机动化的对策研究 ··· 138
6.1 增加道路供给策略 ··· 139
6.2 发展公共交通策略 ··· 141
6.3 限制机动车 ·· 145
6.4 小结 ··· 151

第七章 结论与展望 ·· 154
7.1 主要结论 ··· 154
7.2 研究展望 ··· 157

附　录 ··· 159
附录 4.1 关于城市人口规模的假设 ···························· 159
附录 4.2 米尔斯对美国 90 万人口城市模型的敏感性分析 ········ 160

参考文献 ··· 162

图 目 录

图 1-1　中国每千人私人载客汽车拥有年增长量的爆炸性 ………… 005
图 1-2　北京市平均车速与机动车总量（1993~2003 年） ………… 008
图 1-3　机动化历程对比 …………………………………………… 009
图 1-4　技术路线 …………………………………………………… 015
图 2-1　简化情况下的消费组合和对土地的竞价曲线 …………… 020
图 2-2　城市经济学动态模型：城市增长与中心区衰退 ………… 021
图 2-3　不同样本下汽车拥有水平与人均 GDP 的关系 …………… 023
图 2-4　城市经济学模型主要的流变 ……………………………… 030
图 2-5　不同层次上机动化的影响 ………………………………… 031
图 2-6　美国与其他国家上班出行时间对比（1990 年） ………… 035
图 3-1　机动化阶段性增长理想轨迹曲线 ………………………… 050
图 3-2　世界主要国家机动化水平增长曲线 ……………………… 051
图 3-3　北京的人均收入与机动化水平 …………………………… 052
图 3-4　收入增长下爆炸性机动化模型示意 ……………………… 053
图 3-5　动态收入模型最大机动化水平随时间的变化 …………… 056
图 3-6　数值模拟：收入增长动态机动化模型一阶导 …………… 058
图 3-7　数值模拟：实际值与模拟值 ……………………………… 058
图 4-1　交通模式技术进步与城市空间扩展 ……………………… 062
图 4-2　交通模式进步与伦敦空间规模和人口密度的变化
　　　（1801~1947 年） …………………………………………… 063
图 4-3　世界各国城市居民上班平均出行时间（1990 年） ……… 066

图4-4　城市人口规模与交通拥堵（2003年，美国） …………… 067
图4-5　滞后于住宅建设和机动化的城市道路和
　　　　公共交通（1987~2005年） ……………………………… 070
图4-6　北京市建成区规模与机动化规模（1984~2006年） …… 071
图4-7　北京普通住宅价格与区位的关系（2005年4月） ……… 074
图4-8　北京公寓价格与区位的关系（2005年4月） …………… 075
图4-9　中国情景下米尔斯模型解的空间分布 …………………… 086
图4-10　杭州城市人口的环带划分及其密度分布 ……………… 088
图4-11　双交通模型中国城市情景解的空间分布：
　　　　　人口密度与地租 ……………………………………… 104
图4-12　双交通模型中国城市情景解的空间分布：
　　　　　人口密度与地租 ……………………………………… 106
图4-13　阿姆斯特丹距市中心不同距离上的小汽车出行比例 …… 106
图4-14　伦敦人均小汽车拥有率分布 …………………………… 107
图4-15　双交通模型对城市半径的敏感性分析 ………………… 111
图4-16　双交通模型对小汽车使用水平的敏感性分析 ………… 111
图4-17　双交通模型对中心地租的敏感性分析 ………………… 112
图4-18　双交通模型对含拥堵成本的交通价格的敏感性分析 …… 112
图5-1　蔓延城市与紊乱的汽车交通流 …………………………… 123
图5-2　北京市人口郊区化进程 …………………………………… 126
图5-3　北京市房地产开发郊区化趋势 …………………………… 127
图5-4　北京市的就业郊区化 ……………………………………… 129
图5-5　北京市汽车增长与中心区就业量的减少 ………………… 130
图5-6　北京市各地区小客车占本区机动车
　　　　总量的比例（2003~2005年） …………………………… 131
图5-7　大连私家车拥有率随距离的变化 ………………………… 132
图5-8　郊区化进程中商业中心的空间结构 ……………………… 137
图6-1　城市类型和交通发展路径 ………………………………… 153

表 目 录

表 1-1	中国城镇化发展历程	004
表 2-1	统计分析方法得到的关于小汽车拥有水平各项相关性（R值平方表）	025
表 3-1	世界各国轿车保有量对比	048
表 4-1	英国出行距离的增加（1960~2000年）	065
表 4-2	发达国家城市与发展中国家城市的城市化地区道路供给比例对比	081
表 4-3	模型的参数设定	083
表 4-4	模型的解	084
表 4-5	中国情景下150万人口城市的米尔斯模型敏感性分析	092
表 4-6	中国情景下90万人口城市的米尔斯模型敏感性分析	093
表 4-7	北京市小汽车2005年平均使用费用	101
表 4-8	参数设定对比	102
表 4-9	双交通模型中、美情景下的解	104
表 4-10	双交通模型中国情景的敏感性分析	112
表 4-11	城市人口密度变化的全球对比	115
表 5-1	发展中国家城市小汽车和公共汽车的出行时间	120
表 5-2	洛杉矶机动化的先行	123
表 5-3	北京市中心区就业与机动化关系回归分析	130
表 5-4	北京公交线网密度与线路重叠系数	132
表 5-5	北京市乘公交一次出行全程时间构成及比重	133

前　言

随着我国经济发展和人民收入的提高，汽车开始以极快的速度普及，而城市却很难以同样的速度进行适应，带来了严重的城市问题。虽然已有大量城市规划角度的城市交通问题研究，也有大量通过城市交通工程来试图缓解交通拥堵的努力，还有大量从经济学角度的城市交通政策研究，但这一问题根本上而言是经济问题和布局问题。交通工程虽然可以缓解问题的严重程度，但难触及经济规律和布局规律；经济学虽然长于模型分析，但较少结合空间因素。

基于这样的发展背景和认识，本书试图采用区位论来模拟城市发展，发挥经济理论在变量因果律方面的优势，弥补其在空间要素和技术要素方面考虑的不足，系统地揭示城市交通问题中各个因素的相互关系和规律性。本研究采用阿朗索模型模拟研究和实证研究相结合的方法，研究我国快速机动化背景下关键因素对城市空间结构和城市规模等方面的影响，探讨了模型应用及其对城市交通战略和政策制定的启示。

本书的研究和出版，得到了国家自然科学基金委（基金项目"竞争性交通方式对城市空间结构影响的模型分析及模拟研究"，批准号：41001071）和中央高校基本科研业务费专项资金的大力资助，得到了金凤君教授、梁进社教授等的指导。特此感谢！

第一章
引　言

改革开放以来，随着中国经济的持续快速发展，城市居民的消费结构开始由以衣食为主向以住行为主过渡，汽车消费在家庭中迅速普及，中国开始进入机动化社会。机动化增速远快于经济总量增速，1985~2005年全国GDP增加了约6倍，而民用汽车保有量则从321万辆猛增到了3160万辆，增加了近9倍。

这一机动化进程以个人机动性（Mobility）的提高为特点，即私人汽车是快速机动化的主要部分，其增速之快达到了惊人的地步。1985~2005年，私人汽车保有量增长了约65倍，占汽车保有总量的比例从8.9%提高到了58.5%，其中私人载客汽车增长更达到了717倍。

汽车的快速普及扩大了城市居民生活和工作的时空尺度，但也带来了新的城市问题。由于城市建设和管理相对滞后于快速的机动化，交通拥堵问题日益严重，降低了城市整体的运行效率，且有继续恶化的趋势。同时，交通部门消耗的能源和土地也越来越多，污染越来越严重，城市交通可持续发展问题日益突出。城市交通问题是为数不多的随着经济发展和收入提高而逐步恶化的发展考核指标。

从城市的角度看，城市是国民经济增长主要的空间依托，中国的城市化能否健康持续地进行影响着中国和世界的经济发展，正是在这个意义上，诺贝尔经济学奖获得者斯蒂格利茨认为中国的城市化是影响21世纪人类发展的两大主题之一[1]。然而，虽然改革开放以来中国经济的快速增

---

[1] 中国科学院官方网站新闻版，2003年1月17日，http://www.cas.cn/html/Dir/2003/01/17/5919.htm，转载自《大众科技报》。

长受到了世界的关注和赞赏，但伴随着经济的增长，一些矛盾已经开始逐步浮现，有的问题已经开始威胁到增长本身的可持续性，比如能源、土地等资源硬约束，以及公平、制度改革等软约束。现代城市理论把交通运输和通信看做是城市最有用的部分，但中国城市交通部门却在快速机动化的冲击下开始遭遇交通拥堵，这一问题值得城市研究者给予高度重视。而且这种影响不仅限于城市居民在拥堵中的时间损失，它将进一步影响城市生活的区位选择和出行模式，进而改变城市的空间组织模式和城市空间结构，影响到城市真正的价值所在，因为"城市真正的财富和效率隐藏在城市空间结构布局之中"（仇保兴，2003）。

现代城市的空间结构很大程度上是交通和通信技术进步塑造的结果。以汽车逐步广泛使用为标志的机动化进程对人类社会已经产生了深刻的影响，这种影响是历史上其他城市交通工具所不能比拟的。汽车在几代人的时间内就改变了人们的生活方式，重塑了美国以及世界许多地区的城市空间，不但影响了城市物质空间可达性的重构，还促成了城市社会和文化的改变，比如众所周知的城市蔓延（Urban sprawl）和汽车文化。尽管汽车生产中出现的"福特式"工业生产方式革新是人类生产力的一次重大提高，但随之出现的城市小汽车依赖性及其对应的城市蔓延形态却是以土地和能源的高消费为代价的，反过来又威胁了城市的可持续发展。以能源为例，美国等发达国家汽车的能源消耗占到国民经济总消费的 20% ~ 40%（黄成，2005），这种以私人汽车为主的城市交通系统对自然资源的消耗及其产生的环境污染，直接影响着发展的效率和可持续性。

随着经济的发展，中国城市化进程与机动化进程先后进入快速发展阶段，经济发展增加了政府的财政实力、提高了个人的收入水平，也给城市发展带来了一些问题。一方面，政府大规模建设的财政实力和运营手段，导致了粗放城市化问题。这一问题涉及国民宏观经济的发展，已经引起了人们的高度重视，中国城市正在努力改变城市化发展的粗放倾向。而另一方面，个人收入提高推动了家庭进入小汽车化阶段，提高了个人机动能力并改变了人们的空间观念，个人行为对城市的集体影响正在逐步增强。近年来，中国机动化进程出现越来越快的趋势，其速度为历史上所少有，对城市的影响也急剧地增强，并开始威胁中国的可持续发展。但这方面的研究还不多。机动化进程是在特定的社会、经济和文化既有框架下对城市发生作用的，借鉴国外经验深入研究中国快速机动化对城市发展的影响是城市规划和对策制定的基础。机动化进程及其外部性对城市发展的影响，以及中国对快速机动化的应对策略是一个迫切需要研究的问题。不但具有学术价值，更具有现实意义。

1.1 研究背景与意义

1.1.1 研究背景

1.1.1.1 城市化加速与城市结构重构

机动化需要放在我国城市化进程进入高速发展期、城市化速度加速的背景下来考察。所谓城市化的高速发展期，是按美国学者诺瑟姆提出的城镇化S形曲线所揭示的城市化规律来界定的。他认为城市化进程在城市化比例达到30%即进入起飞期，30%~75%为高速发展期，75%以后速度则减慢。中国城市化水平的统计存在一定的争议（周一星，2002），这里根据建设部公布的资料（仇保兴，2003）：1998~2005年中国城市化水平从30%增加到了43%，说明中国已经进入了理论上的高速发展期。从实际的城市化速度看，高速发展是最近十几年中国城市化最主要的特征之一：城市化水平的增长速度从20世纪60、70年代年均增长0.2个百分点左右持续加速，而且速度越来越快，到20世纪90年代增长速度超过1个百分点，达到1.7个百分点。具体如表1-1所示。

随着城市化的加速，城市数量和城市规模不断扩大，二者又以城市规模的扩大为主。城市规模的扩大，带来了城市发展从量变（城市规模变化）到质变（城市结构变化）的压力。在这一过程中，城市出现了粗放增长的趋势，城市空间迅速扩展，居民出行距离加长，形成了对小汽车这种快速、便捷交通工具的基本需求。在居民收入逐步提高、汽车产业迅速发展、城市公共交通建设相对滞后，以及中国加入WTO后汽车降价等多种因素的引导下，这种需求的急剧释放，导致了爆炸性的机动化。

表 1-1　中国城镇化发展历程

年份	1960	1970	1978	1980	1985	1990	1995	1998	2000	2001
城镇人口(万人)	13073	14424	16030	19140	25094	30191	35174	36935	45600	48064
城镇化水平(%)	19.8	17.4	17.3	19.4	23.7	26.4	29.1	30.4	36.1	37.7
年均增长率(%)	0.24		0.2		0.7		1.4		1.7	

资料来源：仇保兴：《我国城镇化的特征、动力与规划调控》，《城市发展研究》2003 年第 10 卷第 1 期；2003 年第 2 期（续）。

1.1.1.2　进入 21 世纪以来超出预计的爆炸性机动化

由于美国等发达国家在小汽车化中付出的代价惨重，中国可能的机动化过程较早地引起了学者们的注意（小轿车与城市发展学术研讨会纪要，1995；王辑宪，2002；杨荫凯，2005），也考虑到了人均道路面积（或长度）与小汽车的增长速度不成比例可能带来的交通拥堵问题，而且认识到了轿车的发展不仅影响交通，也影响城市形态，亦受制于城市形态。当时的研究就指出：中国的国情决定了中国不能走美国的城市化道路，应该注意学习新加坡和我国香港的经验。但那时对国外经验的研究还处于介绍性阶段。更重要的是，虽然机动化进程引起了人们的注意，但很少或者几乎没有人预料到 2000 年之后机动化的爆炸性速度。

以权威部门的研究报告为例，1993 年国家计委（现国家发展改革委员会）在对全国 14 个省份近万名年收入 2 万元以上的高收入人群抽样调查的基础上，应用多种数学模型预测并与国外对比，认为 2005 年全国家庭小汽车需求量为 120 万～160 万辆，而 1999 年的研究仍然认为这一预测值偏大了（卫明，1999）。再如世界银行根据城市机动车增长与经济增长关系，认为居民收入每增长 1%，将导致 1.02%～1.95% 的机动车拥有量的增长。按照这一收入弹性系数法预测，到 2010 年中国城市机动车的拥有率在 51～83 辆/千人，2020 年达到 127～204 辆/千人（Liu, 2003）。然而，全国机动化水平在 2003 年已达到 118 辆/千人。早在 1993 年，有关部门曾经对北京小汽车的发展做过预测，到 2010 年发展到 200 万辆，但 2003 年北京汽车总量就超过了 200 万辆，提前 7 年达到了这一目标[①]。

[①]　资料来源：《用汽车社会的视角解读北京机动车突破 300 万辆》，新华网，2007 年 5 月 26 日。

即使到了2002年，中国工程院、美国国家工程院与美国国家研究理事会在对中国机动化问题的联合研究中，预测2005年中国汽车总量最高为2640万辆，而第十个五年计划中的规划仅为2500万辆。但2005年中国汽车的总量高达3160万辆，比最高预测值高约20%（中国工程院等，2003）。

预计之所以偏低，是因为2000年之后中国机动化进程明显加速，且加速具有突然的爆炸性。以私人载客汽车为例，全国千人载客汽车拥有量的增速明显提高，2000年之后每年千人私人载客汽车拥有量增加基本都在1辆以上，且呈爆炸性的增加，到2005年达到2.4辆。而2000年前最高增速为每年不到0.6辆。由此可见，中国的私家车普及速度增加的爆炸性（见图1-1）。

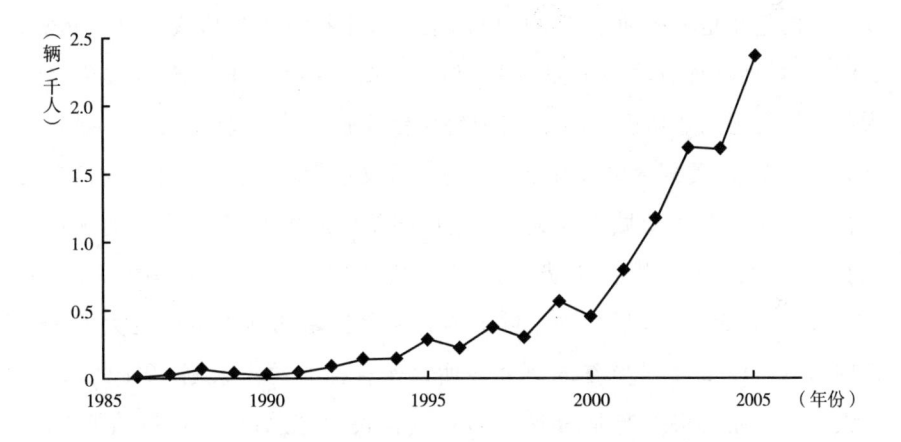

图1-1 中国每千人私人载客汽车拥有年增长量的爆炸性

资料来源：根据国家统计局《中国统计年鉴2006》计算得到，http://www.stats.gov.cn/。

大城市这种加速增长更为明显。以北京为例，城市机动车总量每增加100万辆所需的时间从40年到6年到3年，呈显著递减趋势：1950年左右，北京市机动车仅2300辆；到1997年2月，北京市机动车总量达到第一个100万辆，只用了40多年；2003年8月突破200万辆，用了6年多；2007年5月突破300万辆，仅用了3年多。机动车总量的迅速增长已经引起了广泛的关注，社会报道越来越多，对日益严峻的城市交通拥堵的忧虑也随之增加①。

随着我国私家车数量的增加,个人移动能力增强,生活的空间范围扩大,个人区位选择改变,进而影响城市结构的选择。这种影响是由个人行为推动的,其影响也就更为深刻和广泛。直接的有对土地、能源等方面更大的压力,而更深远的影响是机动化对城市结构的冲击,可能威胁到可持续城市化的发展战略。

1.1.2 研究意义

1.1.2.1 机动化可能带来的问题

(1) 交通拥堵

研究表明,交通拥堵给城市带来的损失是相当严重的。一般对交通拥堵损失的量化是将机动车拥堵的时间损失成本换算为价格成本(Lindley,1987),虽然这种方法并不完善②,但也反映出拥堵造成的时间损失是巨大的。据英国工业协会估计,英国每年因交通堵塞而造成的经济损失达180亿英镑③。美国主要大都市市区每年为交通拥堵承担了数以10亿美元的损失,2003年主要城市区域的交通堵塞总计造成了37亿小时的出行延误和23亿加仑的燃油耗费,折算的经济损失总额超过630亿美元(Schrank, 2005)。发展中国家城市因为交通拥堵的损失也是巨大的。以泰国为例,1993年对曼谷的研究表明,曼谷拥有约占泰国10%的人口、占银行保险业与房地产业86%的GNP(国民生产总值)、占制造业74%的GNP,曼谷交通拥堵的损失占GCP(城市国民生产总值)的35%

---

① (1) 2003年8月4日。《北京机动车今天突破200万辆高速步入汽车化时代》。中国新闻网,http://www.chinanews.com.cn/n/2003-08-04/26/331635.html;(2)《用汽车社会的视角解读北京机动车突破300万辆》,新华网,2007年5月26日。http://news.xinhuanet.com/auto/2007-05/26/content_6156004.htm;(3) 2007年10月12日。《北京机动车总量破310万辆采用小型车出行占31.6%》,新华网,http://news.xinhuanet.com/auto/2007-10/12/content_6867441.htm。

② 比如理论上关于损失基点的选择,而且假设一个无拥堵的环境也是不合理的,这类研究在数据的精度和标准上也是值得怀疑的,车辆速度、车载人数及其对应乘客的收入水平往往只作估计。

③ 《决策参考》2001年第17期,总第440期,http://www.sylib.net/sub/info/juece/01440.htm,原始报道见《英国公交车享受特殊待遇》,《京华时报》2001年8月28日。

（Kasarda，1993）。实际上，道路拥堵的损失还应该包括环境成本。但这更难以量化，损失的严重是显然的（胥晓瑜，2001）。以尾气污染为例，交通拥堵造成了汽车行驶缓慢和污染加剧，因为汽车尾气排放与其速度/加速度密切相关，待发时的尾气排放量是开车时的 5 倍以上[①]。

随着中国城市机动化的加速进行，交通需求的增加远远快于交通供给，许多城市开始出现了严重的交通拥堵。20 世纪 80 年代以来，全国百万人口以上的特大城市，大部分交通流量负荷接近饱和，有的城市中心地区交通已接近半瘫痪状况（周江评，2001）。特大城市市区机动车平均时速已由过去的 20 公里左右下降到现在的 12 公里左右，一些大城市中心地区，机动车平均时速已下降到每小时 8~10 公里。以北京为例，1996 年一般城市干道的车速为 15~20 公里/小时，市中心区时速为 10~15 公里，至 2003 年秋，北京市区部分主要干道高峰期的车速已降至每小时不到 7 公里，到 2006 年，北京市干道平均车速比 10 年前降低约 50%[②]。其他城市也在 90 年代开始陆续出现较为严重的交通拥堵。比如 1995 年上海市中心区平均车速仅 15.5 公里/小时，平均延误 80 秒/公里；1996 年天津市内机动车行驶速度为 26.96 公里/小时，比 1989 年下降了 35%（李兰冰，2005）。

国内也有一些对中国城市交通拥堵损失估计的研究。对北京的估算表明，交通拥堵造成了每年上百亿元人民币的损失，全国一年因交通拥堵造成的损失则是上千亿元（陆化普，1997），交通拥堵给中国带来的损失是巨大的这一点是无疑的（张国初，2006；罗清玉，2007）。城市交通问题的严重性已经引起了高度的重视，城市交通规划已经进入国家战略层面，正在考虑以城市交通规划来带动城市总体规划修编（汪光焘，2006）。

（2）机动化与城市发展：中美对比

交通基础设施容量和城市结构不能跟上机动化的步伐，结果就是交通拥堵。反过来，城市交通拥堵问题也推动着城市或者交通发生变化。西方

---

① 资料来源：《中国城市环境面临的问题和出路》，中小城市建设网，2006 年 9 月 12 日，http://www.zxcsjs.org/hkzy_neirong.asp?id=1791。

② 资料来源：《北京平均车速 10 年慢一倍，主要路口六成严重阻塞》，中国新闻网，2006 年 12 月 2 日，http://www.chinanews.com.cn/gn/news/2006/12-02/830944.shtml。

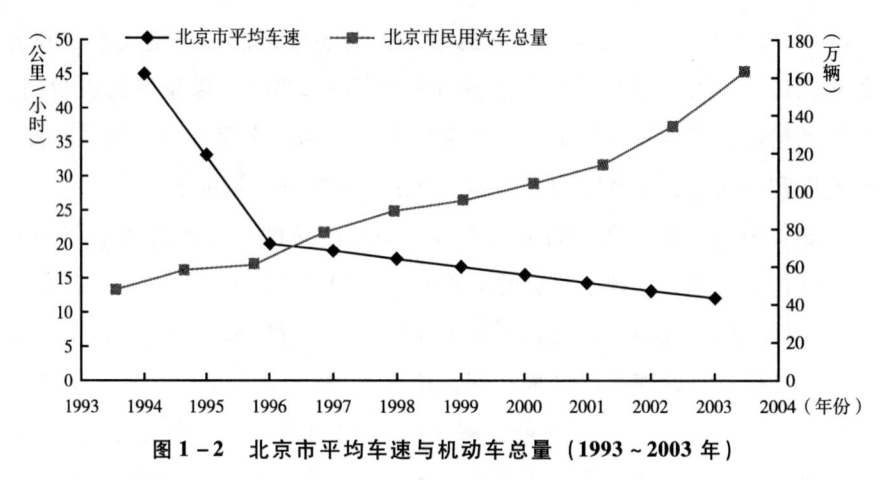

图 1-2　北京市平均车速与机动车总量（1993~2003 年）

资料来源：国家统计局：《新中国成立五十年统计资料汇编》；北京大学 BELL 示范课程可持续交通研究小组（邓冰等）：《快速公交系统（BRT）调研报告》（http://www.chinaeol.net/bell-green/xsyj/040529pdf/kcxjt_ C.pdf）。

国家由于工业化较早，最先受到了汽车的冲击。而美国不但是福特制的发源地，而且也是当时的经济新秀，更由于机动化迎合了美国的个人主义和"移动"的文化背景（Lewis，1997），因此美国受小汽车的影响也最大，许多城市采取了适应机动化的城市发展战略，结果付出了昂贵的代价。

中国的机动化进程与美国 20 世纪 20 年代的机动化进程有许多相似之处，进一步将北京地区的机动化历程与美国对应阶段做对比可以发现，其 1978~2003 年的机动化路径变化曲线与美国 20 世纪 10~20 年代是高度相似的。进一步比较可以发现二者有相似的经济起飞和机动化普及背景，机动化普及均与汽车价格大幅度下降有关：美国是由于 20 年代福特规模生产，而中国则是因为加入 WTO 后汽车关税的逐步降低和本地生产。同样，此时的中国正如 20 年代的美国，正在处于城市化的高潮阶段。换言之，中国正面临类似的机动化与城市化的共振。

中国城市问题一直是众多学科研究的热点，这一领域在近年又迎来了特别的机会：中国城市化开始面临发展模式转型和社会进入机动化阶段等新问题。过去由于政治体制、经济发展阶段和文化等因素的制约，中国的城市结构变化较小。但这一情况正在发生改变，一方面是因为各级政府逐步获得了大规模建设的财政实力和运营手段，快速粗放的城市化对城市用地产生了较大的冲击，在国际产业转移的竞争和内部资源环境的限制下，

图1-3 机动化历程对比

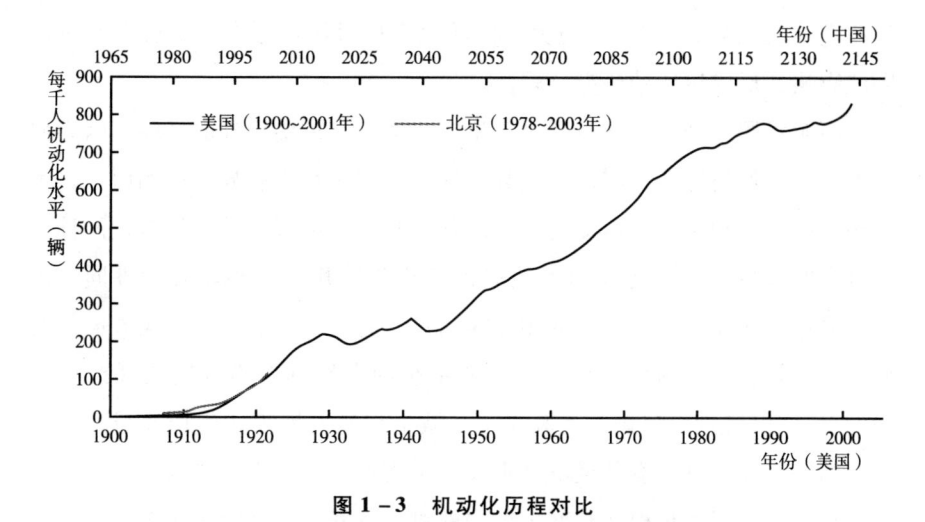

资料来源：中国国家统计局历年《中国统计年鉴》；U. S. Federal Highway Administration, Highway Statistics, annual; and Highway Statistics, Summary to 1995. http：//www.fhwa.dot.gov/policy/ohpi/hss/hsspubs.htm。说明：中国以北京市地区为典型地区，北京1978~2003年对应美国1907~1932年。图中两条线几乎重合，说明路径几乎一样。

城市化正在寻求更精明的增长；另外，收入水平的提高使得居民获得了更大的机动性，居民的购买能力、居住区位选择强烈地引导着市场进行城市建设。以上两种力量一起改变着城市的整体结构，这种改变比较强烈，但政府本身制度的不足和市场本身的逐利性等缺陷却使得城市结构的改变可能不利于城市的可持续发展。近年来，中国家庭出行逐步进入小汽车化阶段，机动能力剧烈提高，对城市结构和空间效率的影响异常强烈，使得政府主导城市规划和城市建设的局面有所变化。实际上，国家对地方政府大规模建设中的问题已经有了相当的重视，但对机动化的预计却不足。

尽管机动化进程早已受到我国学者的关注，但由于当时的机动化问题尚不严重，更难以预料到机动化进程突然的爆炸性增长，导致了一些严重的问题，最明显的是没有预计到因私家车大量涌入道路而带来的严重拥堵，对机动化的研究和政策力度都显得滞后。这既有对机动化的速度估计偏低的因素，也因为确实存在体制、道路建设资金等实际约束。除了交通拥堵外，城市的发展也受到了影响，尤其2000年以来机动化进程使得郊区城镇配套建设不足问题彰显，形成大量的长距离交通需求，城市的汽车依赖性加强，造成了一定的城市空间分异，汽车造成的环境污染问题也日益严重（马清裕，2004）。但关于机动化进程对城市形态、城市交通所产生的影响、形成机制的研究还较少。

而对我国机动化的分析和对策研究不能简单借鉴国外的经验，因为城市本身的自然环境等不同，而且其发展模式和过程也有异。举例而言，美国洛杉矶的机动化极大地促进了郊区化，是因为洛杉矶移民较多，而移民中有车的人较多，这与我国本地居民往往先购房、再买车有所不同。因此，居住郊区化与小汽车化的相互作用也应有所区别。另外，这方面的研究具有迫切性，因为城市形态与交通系统的发展具有不可逆性（或更准确的，是难可逆性）。国际经验表明，城市交通发展模式的选择与其发展速度的关系比与其现有的经济水平关系更密切，城市人口进入稳定成长阶段后也就失去了大规模调整城市结构的机会。我国许多沿海城市现正处于高速增长的过程中，还有机会改变城市运行的轨迹，一旦这种增长停滞下来，这些城市就会像抛锚的汽车失去转向的动力（赵燕菁，2001）。

（3）机动化与国家可持续发展战略

中国人口众多，而平原面积有限，使得农业土地资源更加珍贵，同时能源中的石油也相对短缺。机动化将直接影响土地的集约利用，直接增加能源需求，机动化对土地和能源的压力已经引起了学者们的强烈关注（马强，2004）。如两院院士周干峙就曾提到，如果中国城市机动车总量以现有的增长率增加，城市必须大量增加道路空间，这将导致土地资源已受到严重制约的中国大城市的土地利用问题更加恶化。郑时龄院士也指出："如果到2020年，上海的汽车按250万辆统计，每天出行的车流量达1000万次，早晚高峰时间的车流量为70万～80万车次/小时。仅停车场就要占去大约65平方公里或者更多的土地，几乎相当于中心城区面积的1/10。"

这些问题与美国小汽车高依赖性的城市非常类似。但机动化问题在中国的一个严重性在于发展中国情下的总量和人均量。中国的人口密度是欧洲的1.8倍，世界平均水平的3.4倍，美国的5倍，中国人均土地不足0.01平方公里，居世界第67位。但中国只要1%的家庭购车，就将新增300万辆汽车，而道路的修建很难跟上这一速度，一般而言城市收入每增加1%，道路长度仅增加0.1%。即使能提供足够的道路供给，需要的资金和土地也是中国难以承受的。从中国的国情看，中国城市具有高密度发展的传统，而不是一开始就是低密度的城市。如何在高密度、机动化之间找到高速城市化的合理城市交通结构，中国城市的形态将走向何方是一个严肃的课题。

1.1.2.2 研究的学术价值

（1）机动化进程相关研究在城市交通领域的地位

城市交通部门为城市居民活动提供移动能力（Mobility），同时也构成了城市要素可达性（Accessibility）的基本空间格局。城市交通是城市空间组织的关键之一，与城市土地利用存在复杂的互动反馈关系，二者一起影响着城市的演变。城市交通的研究对构建一个高效的城市空间非常关键。

但城市交通市场的供需均衡并非一种常态，因而城市交通问题长期存在。但城市交通与城市土地利用之间的互动关系具有系统性和复杂性。同时，由于交通自身存在的天然垄断特性，在这一部门存在较为严重的市场失灵问题，因而也存在大量的公共干预，这增加了城市交通及其所支撑的城市活动所构成的系统的复杂性和非线性。因此，这一领域的研究不但极具现实意义，也极具挑战性。

在城市交通系统中，机动车占有统治性地位。机动车对城市空间的影响一直是城市科学关注的重点。我国的机动化问题具有发展中国家城市交通问题的一些普遍特征（Gakenheimer，1999）。发展中国家与发达国家相比，公交出行比例较高，大多数在75%左右，尤其自行车出行比例高，但发展中国家的机动化进程更快。许多发展中国家的机动车每年增加都超过10%，即不到7年机动车总量就增加1倍，比如中国（15%），智利、墨西哥、韩国（1985年之后的7年年均增长23.7%）、泰国、哥斯达黎加、叙利亚等。从这个角度看，对我国机动化进程进行研究意义更大。

（2）对促进城市交通地理学发展的意义

在国际上城市交通地理学的发展就比较晚，1980年AAG（美国地理学者协会）才成立交通地理学会（TGSG，Transport Geography Specialty Group），而对城市交通地理学的专门论著《城市交通地理学》（*The Geography of Urban Transportation*，1st ed.）到1986年才出版，作者是美国科学院（the U.S. National Academy of Sciences）资深院士苏珊·汉森（Susan Hanson）。尽管这一学科起步较晚，但对交通问题的研究却有着独特的视角，对城市交通规划的影响较大。前面提到的专著一出版就受到了高度评价，并成为美国多所大学的参考教材。地理学对城市交通问题的研究不但对城市交通问题的分析和政策制定具有独特的学科价值，其综合性的思考方法在"跳出交通问题看交通"上有天然的优势，对深入理解交通与城市发展也非常具有科学意义。但城市交通地理学仍然是一门比较年轻的学科，迫切需要进一步的发展，即使在苏珊的专著中，也还未能提出一个统一的框架来分析和界定城市交通地理学的研究（周江评，2007）。

中国的城市交通地理学研究较早的研究出现于1986年杨吾杨等《交通运输地理学》这一专著中，当时是作为交通运输地理的一章"城市道路交通的地理研究"而出现的，可见中国交通地理学者一开始就把城市交通地理学纳入了学科体系之中（杨吾杨，1986）。但当时交通地理学者的研究主要集中在区域交通领域，对城市交通的研究关注并不多。随着中国城市交通问题的逐步凸显，城市交通地理学也有了一定的发展，尤其近年来随着中国城市交通问题的日益严重，交通地理学者对城市交通研究给予了很高的重视。从国内对城市交通的研究看，这一领域的研究一直更多地侧重城市交通规划，重视轨道交通，而定量和模型研究比较少，目前仍然缺乏城市交通地理方面系统的专著，因此在理论建设上与国外相比显得更为滞后（曹小曙、彭灵灵，2006；曹小曙、薛德升等，2006）。本书所关注近年来小汽车爆炸性增长的问题，属于城市交通地理学研究的前沿领域，对充实这一领域的研究也有一定的学术价值。

1.2　内容与创新

1.2.1　研究对象和目标

随着中国的市场化程度越来越高，经济学理论越来越具有指导作用。而机动化正是以消费端市场行为来影响城市形态。本书一方面将借助发达国家较为成熟的城市经济学模型研究中国机动化对城市化的影响，另一方面将从实证的角度分析近年来机动化的爆炸性，及其与郊区化、城市化之间的复杂关系。20世纪90年代以来机动化问题就得到了持续的关注，但始终未能形成有效的政策实施。本书的另一个目标是进行政策分析，探索中国城市如何在快速发展中通过交通的可持续发展保持城市的效率和活力。

1.2.2 主要内容

本书共七章。

第一章，引言。主要介绍本书的研究背景及选题意义，阐述本书的研究方法、技术路线及文章框架。

第二章，相关研究进展。机动化与城市发展的关系是一个综合性的内容，得到了地理学、经济学、社会学等众多学科的关注。这一章主要从不同研究方法进行综述，阐述其研究的流变和主要的观点及其争论，同时也分析了各自研究对政策和规划制定的影响。最后对国内相关的主要研究进展进行了总结和评述。

第三章，在机动化阶段性发展理论的基础上定量刻画中国机动化的现状，分析近年来机动化速度加快的原因，并与国外机动化历程进行对比，总结出中国机动化的特征，并进一步判断中国机动化的趋势及机动车总量增加可能带来的直接后果。

第四章，引入城市经济学中的双交通模型（the Mills Model with a Bimodal Transportation System），分析小汽车与公共汽车并存下各自外生变量对单中心城市的人口密度分布、城市空间规模和小汽车拥有量的影响。在分析中对模型的假设进行了新的阐述，针对中国城市设定了外生参数，并采用修正的数值分析技术进行了求解和敏感性分析，最后指出模型结果对政策制定的启示。

第五章，从实证的角度更广泛地综合考察机动化对城市居住空间和商业空间的影响，分析了城市扩展中机动化与公共交通的动态竞争过程，并提出了"被动机动化"来解释这一现象。

第六章，在模型分析和实证研究的基础上考察了可选的政策措施，借鉴国际经验对一些政策的效果进行评价。

第七章，全书的总结和未来研究的展望。

1.2.3 特色与创新

中国城市交通发展提出了许多具有挑战性且具有急迫性的研究课题。

与国外相比，中国城市交通地理学的学科建设却很滞后。杜能农业地租理论是经济地理学的重要基石之一（杜能，1986），而阿朗索模型（Alonso，1964）是区位理论在城市研究中的进一步扩展。笔者引入在阿朗索单中心模型基础上进一步发展的双交通模型，采用基于区位理论思想的模型来分析城市交通问题，作为城市交通地理学理论基础研究的一次探索，这虽然不是针对学科理论框架建设的研究，但无疑是城市交通地理学理论方面一次有益的尝试，具有一定的创新价值。

在技术方法上，本书对数学分析和计算机模拟给予了高度的重视。这并不是为了计量而计量，而是在研究中出现了相应的需要。最初的区位理论建立以来，数学和理论模型一直努力地被用来减少问题的复杂性，用来将问题的解释表述得清楚而简洁。在城市结构和交通的研究中，过于简化的模型假设和抽象的原则影响了单中心模型在特定城市环境下的政策和投资分析。在规划和政策制定的实际需求推动下，模型的复杂度不断提高，模型的求解变得困难，最后不得不采用数值拟合方法和借助计算机手段来阐述模型。这一方法在国外的区域经济研究中已逐步开始使用。它不但是解决复杂模型解的有力工具，还具有将模型与实证数据紧密联系的天然优势。本书也采用了这一方法，并在研究中借助计算机使用了数值分析技术，结合实证分析研究了机动化对中国城市的影响。具体研究内容上的创新如下：

（1）从国际对比的视角，采用并修正了"S"模型对中国机动化的现状和阶段性做了定量的分析，而不是局限于对机动化进程的定性描述。在模型基础上分析了机动化进程的驱动因子，并分析了机动化进程的发展趋势。

（2）引入了城市经济学中较为前沿的双交通模型来分析中国城市特定的情况，针对原模型中含糊不清之处重新对模型的假设和解释力做了进一步的阐述。

（3）采用数值分析方法对模型进行求解，并对求解算法进行了一定的修正。

（4）在双交通模型框架下进行了敏感性分析，得出一些对交通和城市发展政策富有启示性的结论。综合考察了收入增长、农业地租、交通模式使用价格和交通用地控制等因素对城市紧凑发展、机动化水平等方面的影响。

（5）对模型不能解释的一些方面，采用实证研究给予了分析，尤其分析了机动化与城市居住郊区化、就业郊区化之间的相互影响。

（6）基于理论模型和实证分析，考察了目前交通与城市发展的一些政策选项和政策实施效果，提出了对应的政策建议。

1.3 研究技术路线

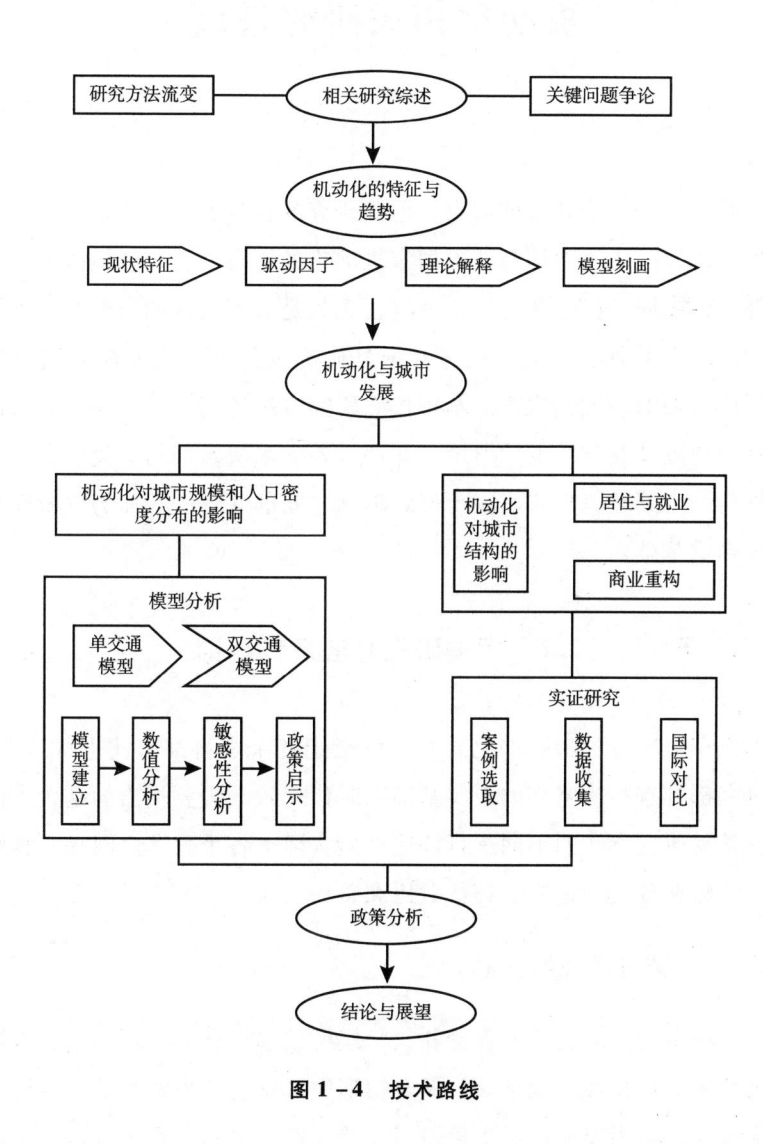

图1-4 技术路线

第二章
机动化相关研究进展

尽管中国是一个独特的国家，但其研究的背景和方法需要在学科已有的基础上进行。由于中国与西方国家机动化的历史文化、政治体制、经济发展都不尽相同，机动化对城市发展，尤其是大都市区的影响及其动力机制有一定的差异性。因此，在考察国外研究成果时，需要深入其研究背景，提炼其中的一般性规律。本章按照研究方法进行文献综述，分析研究中关键的观点及其学术上的争论，并评价各学术流派的历史发展背景，阐述从研究成果到政策建议、城市规划思潮之间的联系，从而为本研究方法的确定提供基础。

2.1 相关研究方法及其结论

小汽车对城市的影响如此之大，以至于各个学科都对此进行了研究，各类研究都具有相当坚实的现实基础和时代背景。需要指出的是，下面是按各种学科研究方法的不同进行评述，但实际上各个方法之间是互相影响的，本节将在分类综述之后进行对比和总评。

2.1.1 城市经济学模型

关于城市与土地利用的理论和数学模型较多，比如劳瑞模型、空间投入产出分析、计量经济模型等；但在模型中考察交通模式与城市结构关系的理论较少，其中以城市经济学模型比较成熟。虽然早在20世纪20年代初期，美国伯吉斯（Burgess）在研究芝加哥的情况后，总结出同心圆的城市结构理论，之后霍伊特（Hoyt）发展为扇形模型，但这两种理论均产生于对具体案例和实际调查的归纳与总结，缺乏微观经济理论基础。20世纪 60 年代以来，阿朗索基于杜能农业区位论发展出了城市住宅区位理论，利用竞租函数较好地将城市结构与城市交通联系了起来（刘盛和，2001）。这类模型最初是针对城市土地利用而建立，而不是针对机动化对城市影响，但交通是模型的重要变量，对交通与城市发展有较强的解释力，比如用以解释交通成本与郊区化的关系等。

城市经济学模型在解释不同交通方式对城市规模和结构（密度梯度）时面临的共同问题是如何度量交通的成本。几乎所有的模型都很难在交通费用和交通时间之间做出细致的模型刻画，大多数模型中不同交通模式的速度均质化了。这可能是因为模型建立者主要针对的是发达国家的国情，城市形态与交通模式基本定型，故针对交通模式进行的研究比较少。

2.1.1.1 静态模型

城市经济学关于城市地租的研究最早可以追溯到 1964 年阿朗索的专著《区位与土地利用》，之后米尔斯（Mills）、穆斯（Muth）等对这一模型的发展均做出了重要的贡献。这类静态模型总结性的代表著作则是藤田昌九（Fujita，1989）的《城市经济学理论》（*Urban economic theory：land use and city size*）。模型的建立是基于对下面这样的现实的观察和总结，即单中心城市地区内的居民通勤成本差异必须由生活空间的价格差异来平衡，使郊区居民愿意接受路程更长、因此费用更高的通勤旅程，以此补偿了居住空间的价格变化。

城市经济学中描述城市空间结构一般使用单中心模型（Monocentric Model）。该模型对城市形态的基本假设有：（1）单中心城市。在该模型中，CBD（中央商务区，Central Business District）是城市唯一的就业中心；（2）城市有密集的、星形放射状的交通道路网络；（3）城市位于一个无差异的平原上。在这样的假设下，模型就可以将城市的二维空间转换为一维空间，反映城市结构的变量，如土地利用密度/强度等，就是到 CBD 距离的函数。

这一模型主要分析城市居民的住宅区位选择。实际中的区位选择非常复杂，居民主要的考虑因素有：可达性、空间大小和环境舒适度。其中，可达性可以用到工作单位、亲朋家、商场等地点的金钱成本和时间成本来衡量；空间大小一般可以用住宅面积来衡量；环境这一变量比较难以度量，比如风景的优美程度等等，当然，这些也与可达性密切相关。由于建模的难度和处于简化归纳的考虑，单中心模型一般不同时考虑以上三个因素，而是先考虑容易量化的可达性和居住空间大小。模型假设居民会在一定的预算约束下理性地选择可达性和居住空间大小。人们通常的约束条件有预算约束（收入）和时间约束（24小时）。虽然可以通过工资水平换算时间和金钱，但是这两种约束都是刚性的，并不能完全线性替换。

阿朗索模型建模方法的主要特点是在城市土地利用分析中采用了竞租函数方法（Bid Rent Function Approach）。这一方法背后的思想可以追溯到1826年杜能的农业区位理论。阿朗索模型的一个简化推导如下：

家庭试图在总收入为 y 的预算约束下最大化效用函数 $V(z, q, u)$，u 是家庭到市中心的距离，q 是土地数量，z 是复合商品（Numeraire Good）。假设效用函数递增、连续、二次可微、严格似凹且为 u 的减函数，边际效用 V_q，$V_z > 0$，$V_u < 0$。距离 u 上家庭到市中心的交通支出为 $T(u)$，对应的地租为 $r(u)$，其中 $\partial r/\partial u < 0$，$\partial T/\partial u$。

家庭的收入预算约束表述为：

$$y = z + r(u)q + T(u) \tag{2.1}$$

由拉格朗日函数 $L = V(z, q, u) - \lambda[z + qr(u) + T(u) - y]$，其一阶条件如下：

$$\begin{cases} V_z - \lambda = 0 \\ V_q - \lambda r(u) = 0 \\ V_u - \lambda\left(q\dfrac{\partial r}{\partial u} + \dfrac{\partial T}{\partial u}\right) = 0 \\ z + r(u)q + T(u) - y = 0 \end{cases} \tag{2.2}$$

由一阶条件的1和2，在最优区位上 z 与 q 的边际替代率等于其价格比率（边际成本）。条件3定义了区位均衡：家庭在平衡通勤成本和土地成本的基础上做出接近或远离市中心的区位选择，将收入的边际效用 $\lambda =$

V_z 代入（2.3），得区位均衡条件：

$$\begin{cases} \dfrac{V_q}{V_z} = \dfrac{r(u)}{p_z} \\ \dfrac{V_u}{V_z} = \left(\dfrac{\partial r}{\partial u} q + \dfrac{\partial T}{\partial u} \right) \Big/ p_z \end{cases} \quad (2.3)$$

竞租函数为在给定效用水平下，家庭对离市中心不同距离的土地的竞租水平的集合。阿朗索的区位模型也可以采用 1973 年索洛引进的间接效用函数 V^*（Indirect Utility Function Approach）来推导：

$$V[\bar{z}(I(u), r(u)), \bar{q}(I(u), r(u)), u] = V^*[I(u), r(u), u] \quad (2.4)$$

上面有横杠表示效用最大化的解。$V_I^* > 0$，$V_r^* < 0$，$V_u^* < 0$。区位 u 上收入与"交通支出"更好之差为 $I(u)$，$I(u) = y - T(u)$，由条件1得预算约束，在某一距离 u_0 上，商品与土地效用和一定：

$$I(u) = y - T(u) = z + r(u)q \quad (2.5)$$

由效用最大化下的区位均衡条件1，最优区位上 z 与 q 的边际替代率等于其价格比率（边际成本）：

$$\frac{V_q}{V_z} = \frac{r(u)}{p_z} \quad (2.6)$$

$$r(u) = \frac{1}{q}[y - T(u) - p_z \bar{z}] = \frac{1}{q}[I(u) - p_z \bar{z}] \quad (2.7)$$

容易求得竞租梯度：

$$\frac{\partial r}{\partial u} = \frac{1}{q}\left(\frac{V_u}{V_z} - \frac{\mathrm{d}T}{\mathrm{d}u} \right) \quad (2.8)$$

以上是静态模型的基本结构。这一模型说明在最优区位上，距离增加所引起的土地费用减少等于距离增加引起的运输费用增加加上较长距离通勤所造成负效用的货币价值（V_u/V_q）。而竞租梯度则反映了城市的结构影响因素。

2.1.1.2 动态模型

与静态分析或比较静态分析相对应，动态分析是把静态分析中假定为不变的一些因素，如人口、生产技术、生产组织、资本数量、消费者嗜好

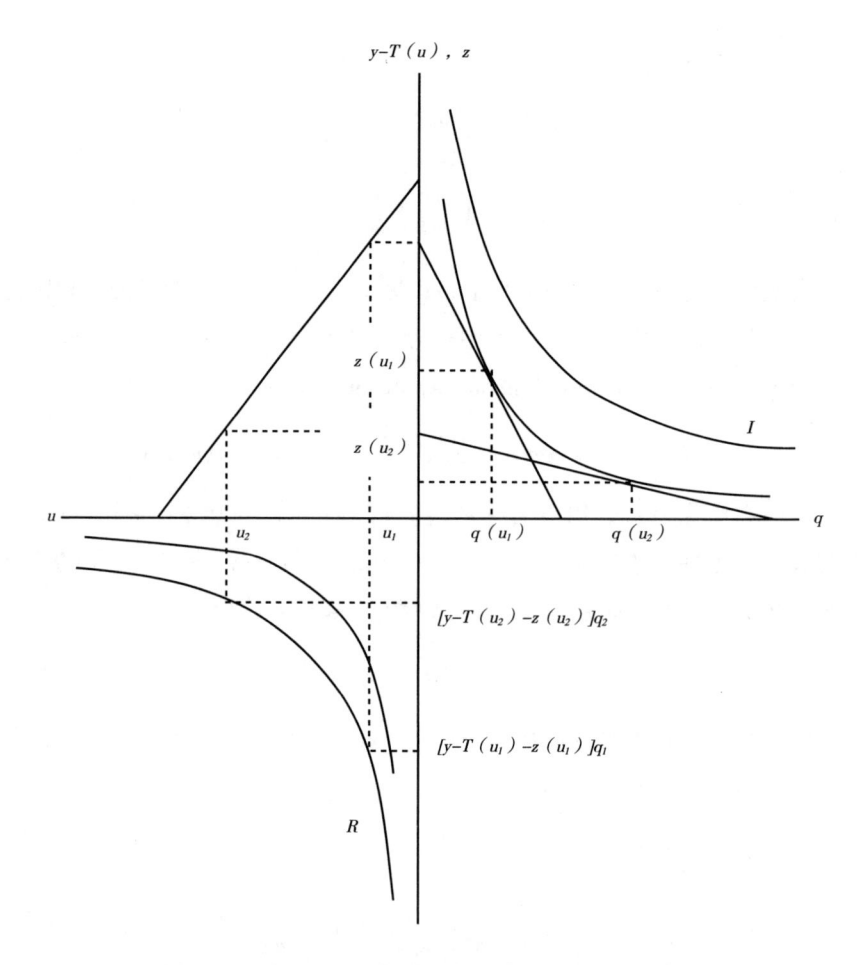

图 2-1　简化情况下的消费组合和对土地的竞价曲线

资料来源：威廉·阿朗索：《区位和土地利用——地租的一般理论》，梁进社等译，商务印书馆，2007，第 1~18 页。

等，看做发生变化的，并研究这些因素发生变化时将如何影响一个经济体系的发展和运动。动态分析同时也认为，经济变量所属的时间必须明显地表示出来；并且某些经济变量在某一时点上的数值，必须要受到以前时点上有关经济变量数值的制约。这就要求把经济运动过程划分为连续的分析"期间"，这种动态分析一般称为"期间分析"或"序列分析"。或者更准确地说这里的动态指的是历程，存在即是历程。

城市的快速发展对静态的城市内部区位和土地利用理论是一个挑战。这是因为静态和动态的城市空间结构是由不同的因子决定的。尽管城市增长一直受到研究者的重视，但动态模型的发展却相对缓慢，主要原因是动态分析受到影响的变量更多，建模难度更大，模型更为复杂。

城市经济静态模型（单中心城市模型）预测和推断出土地价格和土地利用强度（或人类活动密度）随距离的增加而降低。然而，在城市经济动态模型里，城市增长是一个渐进过程，土地利用密度取决于城市土地开发时的经济状况，根据城市经济动态模型，土地利用密度可以随距离的增加而增加，这种现象的产生是因为收入和交通通勤费用等的时间变化能使土地价格随交通通勤费用的增加而增加。这一结论同城市经济静态理论截然不同。此外，城市经济静态理论模型指出土地价格与地租成正比及在城市边缘地带城市土地地租等于农业土地地租。然而，在城市动态模型里，这两个结论都不成立。根据上面的理论分析，城市发展快的地方土地地价也上升得快，因而土地使用密度也随之增加（丁成日，2002）。限制了城市增长，也就限制了土地资源的充分利用。但是考虑官员任期，官员的博弈是在短期（任期）内使用土地溢价转换为固定资产，使得建设（土地面积和政府收入）最大化，形成政绩，因此发展快的地方地价上升快，但土地使用密度却不见得增加了。含有短视预期的动态模型（Anas，1978）在考虑住宅耐久性的基础上，较为成功地解释了美国城市化进程中出现的中心城市衰退和城市边缘地价上升再下降的现象。在该模型中，

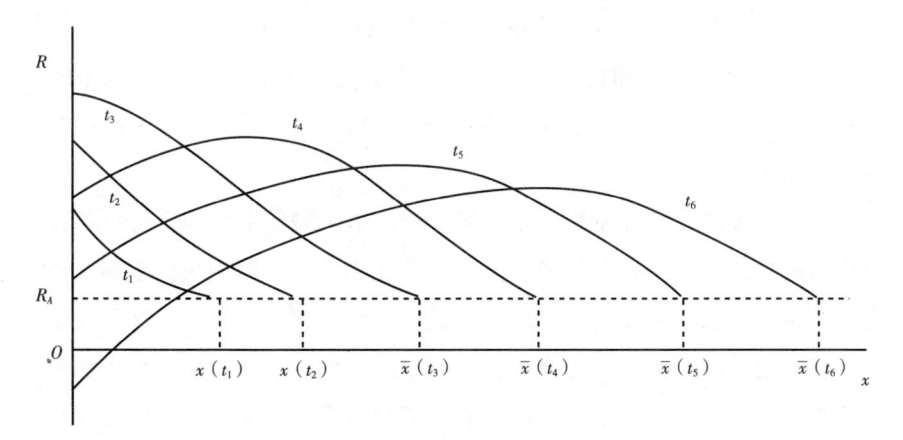

图 2-2　城市经济学动态模型：城市增长与中心区衰退

资料来源：Anas A, Dynamics of Urban Residential Growth, *Journal of Urban Economics*, 1978 (5)：66-87。

足够的收入增加和/或单位运输成本减少能导致边界密度的下降序列，边界密度梯度将变得更陡峭。

2.1.2 汽车依赖性的统计分析

尽管以上的经济学模型非常健壮，但由于苛刻的前提，这种解析方法在对现实世界的复杂情况进行解释时往往具有一定的局限性。另外一种研究思路是通过对现实世界的归纳来分析问题，即通过统计分析来解释机动化与城市发展的关系。但这一方法不仅受到样本数量和统计口径差异的局限，而且本身就缺乏对个体城市发展历史路径的分析，强调共性而未考察个性，能告诉我们是什么，但却不能说明为什么。

许多研究从国际对比的宏观视角进行统计上的横断面考察，多认为机动化是收入驱动的，也有研究表明小汽车的使用与城市形态的相关关系远高于收入。综合来看，收入驱动的小汽车拥有水平提高在一定程度上不可避免，但城市形态达到较高水平反而限制着小汽车的使用（李小江，1997；Hoyle，1998）。

这类研究中最具有代表性的是关于小汽车依赖性的研究，即肯沃斯（Kenworthy，1999）等在世界银行资助下经过7年考察了1990年世界46个城市。其最主要的一些关键结论是：

（1）城市财富并不单独形成对小汽车依赖性的解释。

（2）与城市财富相比，城市形态，尤其是高城市密度与小汽车所有和使用低水平、公共交通水平的高水平、很低的城市乘客交通系统的总成本密切相关。

很多亚洲城市已经是置身于世界上密度最大城市的行列，可以预计它们面临的挑战是保持公共交通导向和非摩托化模式。因为小汽车和摩托车拥有水平的增长要求修建西方风格的低密度和采用严格分区，这种战略受到了持续增长的压力。相比之下，小汽车导向的城市则需要找到增加密度的战略。这可以在城市中心、内城和交通节点周围发生，以方便公共交通和非摩托化模式，也可以在外城通过越来越集中的土地开发和公共交通导向的概念而实现，比如新城市主义（New Urbanism）。城市向外的蔓延需要制止，也许绿带和城市界限的帮助可以做到这一点。

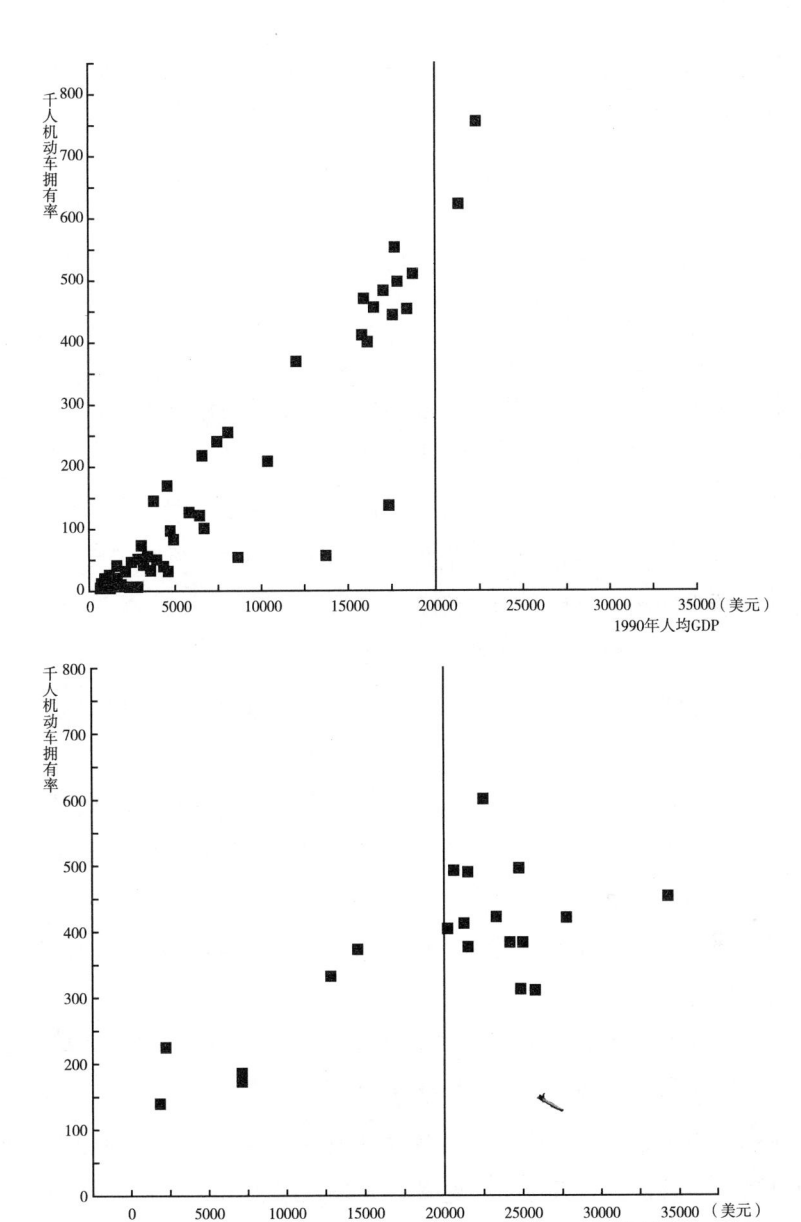

图 2-3　不同样本下汽车拥有水平与人均 GDP 的关系

说明：人均 GDP 在 2 万美元以下，国家的小汽车拥有水平与之呈强烈的线性关系（上图），但更高水平上却呈散点分布（下图）。来源：上，S. 斯岱而斯和刘志：《中国城市机动化：问题及对策》，《中国城市交通发展战略》，中国建筑工业出版社，1997，p. 35；下，Brian Hoyle and Richard Knowles, 1998, p. 121。

通过意识到城市密度的重要性，城市地区可以逐渐再塑造它的交通模式，办法有战略性开发地区和使中心更密，土地使用更复合和更为公共交通导向和非机动化导向。这样的过程不涉及大规模的郊区再开发，因而相对较快，比如范库弗峰（北美洲）。

（3）用每公里总固定成本和可变成本表示的小汽车成本是减少小汽车依赖性的一个重要的政策因子。

小汽车成本越高其拥有越少，公共交通的地位越高。但是这一关系没有与城市密度那么强，不同模式的交通发生量与城市密度也更相关。就政策而言，应该寻求对小汽车持有和使用收取更多的费用。新加坡、香港和东京是这样的好例子。然而，实现这样的政治意愿在任何一个城市政府的机制上都是困难的。尽管试图通过价格机制减少小汽车所有和使用的真实努力面对不少问题，土地利用和经济政策缺一不可，而且如果它们协调起来，减少小汽车依赖性是可能的。

（4）发展小汽车没有取得好的经济效果，美国和澳大利亚城市尤其明显。

GRP（地区国民生产总值）和交通出行时间没有因为更高的小汽车依赖性而明显变化。相反却面对更长的出行距离、成本恢复更糟糕、道路修建和维护的支出更大。

（5）欧洲和亚洲富裕城市似乎都是最有经济成本效益的和可持续的城市交通系统。

（6）与亚洲富裕城市相比，亚洲发展中城市被认为是更不具有经济成本效益和更不可持续的城市交通系统。

主要的理由是：它们内城的交通系统基于公共汽车，而不是新加坡、东京和香港那样的轨道系统；交通基础设施程序强调主要干道的修建；非摩托化交通的地位迅速恶化；缺乏像亚洲富裕城市那样对小汽车的经济限制。

然而，积极的方面是它们仍然是公共交通导向的城市形态，有很强的开发走廊，对于高容量的公共交通系统是非常理想的。新加坡、东京和香港已经证明了公共交通在高密度城市环境中的作用。所有数据都显示，未来亚洲发展中城市如果取得更大的经济、环境和社会成就，就需要发展高质量的公共交通来同小汽车竞争。而且还要创造使用非摩托交通的更舒适的环境。它们看起来更有潜力快速转换为更持续的模式。

（7）在交通系统中拥有更高服务水平的轨道交通的城市一般有更优的公共交通和更低的小汽车依赖性。

根据美国城市统计分析，修建了轨道交通城市的平均公共交通出行为每人每年出行117次，而没有轨道交通只有公共汽车服务的城市，其对应的出行仅为30次。这并不是说公共汽车在公共交通中是无足轻重的，相反，公共汽车服务即使是在那些轨道交通很发达的城市，仍然具有重要的地位。但在与小汽车的激烈竞争中，轨道交通对提高整个公共交通系统的速度至关重要。如果要减少小汽车依赖性，发达城市和发展中城市的交通战略都应该仔细考虑轨道交通。

总之，国际间的比较暗示小汽车依赖性的增加和公共交通、非摩托化模式的衰败不是不可避免的。相反，它们与公共政策密切相关，应该

表 2-1 统计分析方法得到的关于小汽车拥有水平各项相关性（R 值平方表）

相关项	不含亚洲发展中城市	含亚洲发展中城市	解　释
小汽车使用量和财富	0.070	0.445a	小汽车使用量、所有量和财富关系较弱。包括了发展中城市则有改善；拥有、使用与土地利用的关系强烈
小汽车所有量和财富	0.159	—	
小汽车使用量和城市土地利用	0.753（不含香港为 0.706）	0.821（含香港 0.838）	
公共交通使用量和财富	0.033（只包含发达城市）	0.180	公共交通使用量和城市形态的关系明显强于和城市财富的关系
公共交通使用量和城市形态	0.744	0.757	
小汽车使用量和小汽车成本	0.458（0.652）	0.049（0.709）	括号内为按城市财富进行调整后的数据
小汽车所有量和小汽车成本	0.316（0.561）	0.049（0.652）	
公共交通的使用量和小汽车成本	0.386	0.345	正相关。按财富调整成本后关系加强，但公交和城市密度关系更强

说明：城市土地利用、城市形态的指标用大城市尺度的城市密度衡量。a：因为低财富水平导致低的汽车使用。来源：Kenworthy, J. R., Laube, F. B., 1999. Patterns of automobile dependence in cities: an international overview of key physical and economic dimensions with some implications for urban policy. Transportation Research Part A 33, 691–723。

寻求有效的土地利用规划、交通基础设施建设和服务递送政策，政策导向应该是非小汽车模式的，而且通过经济政策对小汽车所有和使用征收更高的费用。

2.1.3 城市案例研究与机制分析

统计大样本的研究意义在于，从数据统计上证实了土地利用密度和小汽车依赖性之间的关系，但是其中的机制并非简单。针对地方差异性的研究表明，机动化的成因、影响因为地理差异性有很大不同，大量的案例分析一定程度上揭示了其中的机制。

一些学者在大量案例分析的基础上进行了总结和分类研究，这方面代表性的专著：1982年翻译的汤姆逊的《城市布局与交通规划》，包含30个世界大城市；1991年北京市城市规划设计研究院的《世界大城市交通研究》，介绍了13个世界大城市；1998年的《公交大都市》（*The transit metropolis：a global inquiry*），分析了12个世界大城市的交通状况问题（Cervero，1998）。通过对各个城市的研究和总结，这些著作多对城市进行了划分。具有代表性的划分有汤姆逊的划分类型：充分发展小汽车的战略、限制市中心的战略、保持市中心强大的战略、少花钱的战略、限制交通的战略；而Cervero的划分继承了这种分类思路，他将研究对象分为四种类型：适应性城市、适应性交通、强核心城市和混合城市（指适应性城市和适应性交通的混合）。案例分析方面的论文更多，且一些结论非常有价值，与人们通常的理解并不相同。

2.1.3.1 城市密度不会自发地改变交通模式

虽然统计分析显示了城市密度与城市交通模式之间有密切的关系，但并不是提高城市的密度就能直接得到高效率的公共交通系统和较低的小汽车依赖性。不同城市在文化、政府管理和居民收入和偏好上有很大的差别，从城市形态到交通模式之间有着复杂的作用机制，这是统计分析和经济学模型难以揭示的。

以香港为例，香港与新加坡、东京相比，人口规模、密度和财富类似，但香港的小汽车拥有和使用低得多。从人口规模和密度看，新加坡人口为320万、人口密度5186人/平方公里，而香港为6755人/平方公里，二者近似；从财富水平看，新加坡的人均GNP比香港高约30%，但新加坡的小汽车拥有水平每千人为120辆,香港每千人仅为48辆。新加坡并没有因为人口密度高而"自然地"和香港一样保持低的小汽车拥有率,也没有"自然地"拥有和香港一样好的公共交通。因此,不能说人口密度高,公共交通就会自然地好。

统计分析给人的印象是人口密度造成了低小汽车依赖性。但对香港的研究表明,是香港政府的政策直接造成了低小汽车依赖性,而不是城市人口密度(Cullinane,2003)。如果追问政策的依据所在时,不得不把目光再次转向土地的供给情况。从根本上讲,是香港土地资源的极度紧缺造成了城市的高密度,也促成了严厉限制小汽车的城市交通政策,并获得了成功。也就是说,香港从城市密度到小汽车依赖性,其机制主要是通过政府的交通政策,而这种机制的背景则是香港城市本身所具有的资源环境独特性。

2.1.3.2 路径依赖

案例研究还表明:如果总的公共交通供给是良好而且便宜的,能够减慢小汽车拥有的增长。英国20世纪70年代对英国大都市区的调查研究证实了这一点。比如在南约克县(South Yorkshire),票价在1975~1986年没有变,乘客量在1981年增加了7%,而其他地区下降了25%。欧洲一些城市成功地降低了私人汽车的使用。公共交通如果不达到一个门槛值,对降低小汽车的拥有量是不会有明显作用的。

这些争论背后的实质是城市不可逆性导致城市发展路径的选择,在某些阶段,城市交通模式已经很难改变。案例研究表明,公共交通切入的时机非常重要,在城市形态初步形成和人们交通出行方式已经形成之后,公共交通建设对改变高度依赖小汽车的交通模式其作用是有限的,这也是为什么旧金山和多伦多虽然都建了公共交通系统,而城市形态大相径庭的原因——旧金山的公共交通建设在城市规模形成之后无法改变城市低密度特征,多伦多则在城市规模起飞的时候(Cervero R,1998)较好地引导了城市的紧凑发展。

2.1.4 总评:各种研究方法的现实基础、阶段性及其地位

2.1.4.1 城市经济学模型

城市经济学模型方法的思想最早可以追溯到19世纪杜能的农业区位

论。阿朗索模型将其思想应用到了城市中，并在模型方法上有所突破。城市经济学模型的发展演变中，学术进展最终都基于现实世界的发展，如何更好地解释特定环境下的城市问题是模型得以修正、完善和进步的主要动力。当然，突破模型技术的约束，也是理论模型发展的重要原因。

比如，杜能的农业区位理论正是基于对当时重要的农业生产的观察。阿朗索（威廉·阿朗索，2007）对此评论道："重农主义者之所以把重点放在农业土地上，并且忽视城市的问题，是有其时代背景的。因为当时的社会是一种农业社会，而城市不仅在景观上不那么重要，而且还被视为寄生在农业生产活动之上。这种对城市土地的忽视一直延续到19世纪后期。"他同时也指出，城市问题分析之所以到20世纪仍然迟迟得不到发展，不但有传统上忽视城市问题的意识因素，也因为城市问题的规范分析存在技术上的困难，这些困难如果继续农业地租的推理路线是难以得到解决的，这使得城市分析一直没有突破。但随着农业部门重要性在20世纪的持续下降，城市问题越来越重要，最终阿朗索通过竞租函数解决了这一难题。

与杜能的农业区位理论一样，1964年的阿朗索模型也有其强烈的时代背景：美国城市的汽车化和郊区化现象是模型发展的根本推动因素。从20年代美国机动化开始，到60年代基本完成，机动化进程导致了大规模居住郊区化现象，即城市蔓延。这种城市发展现象是以市场消费者个体的区位选择为基础的，这就可以用西方经济学的许多已经成熟的市场理论来刻画。而郊区区位选择的主要原因正是通勤成本和住房价格之间的平衡，这正是阿朗索模型的核心内容。从城市交通研究的角度看，交通在模型中被假设为各个方向成本相同（各向同性）和单一模式，这虽然可以将模型转化到一维空间，使得模型中仅需要距离这一个变量来识别空间区位（Anas，2001），但这不利于对城市交通的分析，这一缺陷由Anas通过双交通模式的静态模型给予了部分改进（Anas，1979）。西方学者对此的忽视也存在一定的原因：美国60年代机动化进程基本完成，城市交通模式主要就是小汽车，居民住宅区位的选择具有相当的自由度，城市发展的各向同性有其现实的基础。

模型的发展也与其学术环境密切相关，比如采用动态模型来解释中心区的衰败,其模型修正的主要目标正是解释美国城市中心区衰落的现象,而模型修正者的导师正是米尔斯。同样,如果注意到日本城市发展中比较突出的土地所有制问题,就不难理解藤田昌九所指导的博士生德永(Tokunaga,1996)1996年在模型中引入了土地所有制问题,进一步发展了这类模型。可以说,在坚实的原始模型基础上,更有针对性地应用和修正城市经济学模型,是这一学术研究的主要发展趋势,同时这种发展又有一定的学术环境传承性。比如阿朗索基础模型是针对城市蔓延,动态模型是针对城市中心区衰败(美国的典型问题),还有针对特定土地所有制对城市土地利用的影响的模型。这些发展不但具有一致的理论基础,也能适应不同的研究对象,反过来又扩展和充实了这一研究领域。

从城市经济学模型分析方法的发展看,随着研究的深入,模型的复杂程度也日益增强,计算机分析技术在研究中也越来越重要。在政策研究方面,城市经济学模型在城市政策研究中的应用更强调价格修复手段,这与模型背后的基本取向有关。城市经济学模型均从个人效用最大化出发,因此其价值判断是典型的西方经济学的,更倾向于建立或恢复"看不见的手"发挥作用的制度环境,而不是直接干预。

2.1.4.2 统计分析方法

同样,统计学大样本的研究与世界各国陆续完成机动化以及数据的大量积累有关。机动化的历史背景大致如下:亨利·福特(Henry Ford)的T型车使得工薪阶层可以承受小汽车的价格,直接导致了20年代美国小汽车拥有量和使用量剧增,这一过程被二战一度中断,最后完成于20世纪五六十年代。到90年代,这种剧烈增长转移到了发展中国家,1970~1993年机动车的年均增长率,在美国是2.6%,OECD国家(经济合作与发展组织)平均约为4.4%,非OECD国家平均约为6.5%(Hoyle,1998)。

统计研究显然与样本的收集有关,样本的存在是其必要条件。纽曼和肯沃斯的研究开始于80年代,数据的收集耗时近10年,其完成的必要条件是发达国家的机动化基本完成,这对城市形态产生了明显的影响。但90年代亚非拉发展中国家机动化刚起步,对城市形态的影响尚难完全预测,而且其统计数据质量较低,因此在纽曼和肯沃斯(简称NK)的研究中,发展中国家样本明显偏少。因此，上述方法的研究比城市经济学的起步要晚一些，虽然是受到现实的数据制约，但更基于现实，故而对机动化进程尚未完成的国家指导意义更大，实际上，其对公共政策和规划思潮的影响也更大。

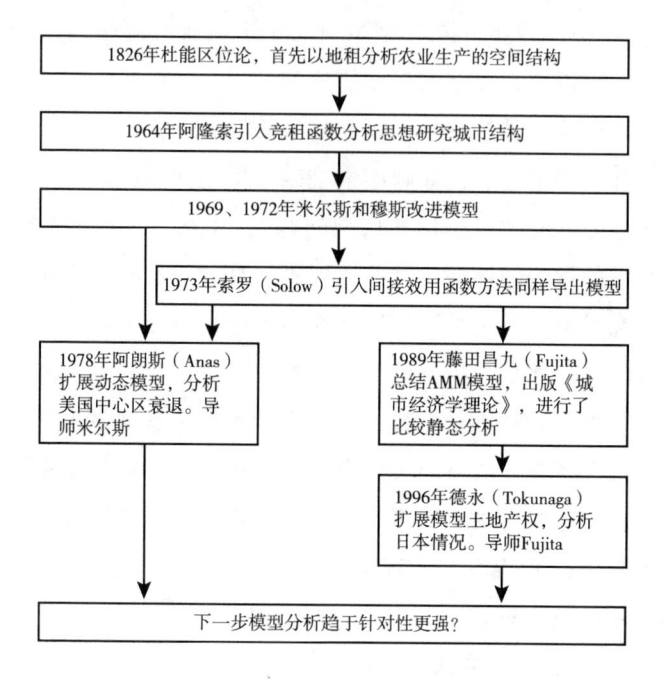

```
┌─────────────────────────────────────────────┐
│ 1826年杜能区位论，首先以地租分析农业生产的空间结构 │
└─────────────────────────────────────────────┘
                    ↓
┌─────────────────────────────────────────────┐
│ 1964年阿隆索引入竞租函数分析思想研究城市结构     │
└─────────────────────────────────────────────┘
                    ↓
┌─────────────────────────────────────────────┐
│ 1969、1972年米尔斯和穆斯改进模型              │
└─────────────────────────────────────────────┘
                    ↓
┌─────────────────────────────────────────────┐
│ 1973年索罗（Solow）引入间接效用函数方法同样导出模型 │
└─────────────────────────────────────────────┘
        ↓                           ↓
┌──────────────────┐     ┌──────────────────────┐
│ 1978年阿朗斯(Anas)│     │ 1989年藤田昌九(Fujita)│
│ 扩展动态模型，分析│     │ 总结AMM模型，出版《城 │
│ 美国中心区衰退。导│     │ 市经济学理论》，进行了│
│ 师米尔斯         │     │ 比较静态分析         │
└──────────────────┘     └──────────────────────┘
                                    ↓
                         ┌──────────────────────┐
                         │ 1996年德永(Tokunaga) │
                         │ 扩展模型土地产权，分析│
                         │ 日本情况。导师Fujita  │
                         └──────────────────────┘
                    ↓
┌─────────────────────────────────────────────┐
│ 下一步模型分析趋于针对性更强？                │
└─────────────────────────────────────────────┘
```

图 2-4　城市经济学模型主要的流变

各类的案例研究则对上文提到的研究起到了重要的完善和实证作用。中国城市正处于快速转型时期，需要借鉴国外研究方法来分析国内机动化进程。但仔细考察国外的研究结论，不难发现很多问题并没有唯一的答案。以上各种方法的研究之间也存在激烈的争论，这将在下面继续讨论。

2.2　国外关于小汽车影响的争论

如前所述，发达国家已经历过快速的机动化进程。随着机动化负面影响在20世纪七八十年代开始显露，在环境污染、空间隔离等问题上都引发过重大事件，成为一个普遍性的问题，如何继续走机动化道路也就出现了激烈的争论。争论中学者引用了涉及各个方面的大量论据和论证，因此进行综述难度很大，笔者试图从比较激烈的争论入手，以期获得对各种研究方法、思想基础等方面比较清晰的脉络，而综述的全面性则在其次了。

总之，研究者所关注机动化对城市的影响主要可以分为以下几个层次：

1. 在宏观层面主要是对城市密度的影响。城市经济学模型的关注点是密度梯度，而统计学方法关注了密度与城市规模、土地利用效率、能源使用成本等因素之间的关系。

2. 在中观层面主要是对城市交通的影响，尤其是拥堵。这部分实际上是对城市结构和交通效率的关注。

3. 在微观层面主要是对个人出行的影响，实质是交通模式之间竞争的影响。

以上三个层面所采用的价值判断标准也不太相同。宏观层面关注可持续发展；中观层面关注交通效率，在很多时候实际是以避免拥堵为目标；在微观层面完全是个人的出行选择。随着研究的深入，城市交通规划的目标越来越多元化，甚至冲突。人们更加关注拥堵和空气质量、社会公平、安全和居住区生活质量。现在更强调需求管理而不是增加供给，尤其注意要系统适应变化的条件。不论哪个层面，小汽车是否有效率，是否影响可持续发展都还存在一定的争议。由于对汽车影响的评价所依据的战略目标有不同的层次，这也是许多争论的来源。

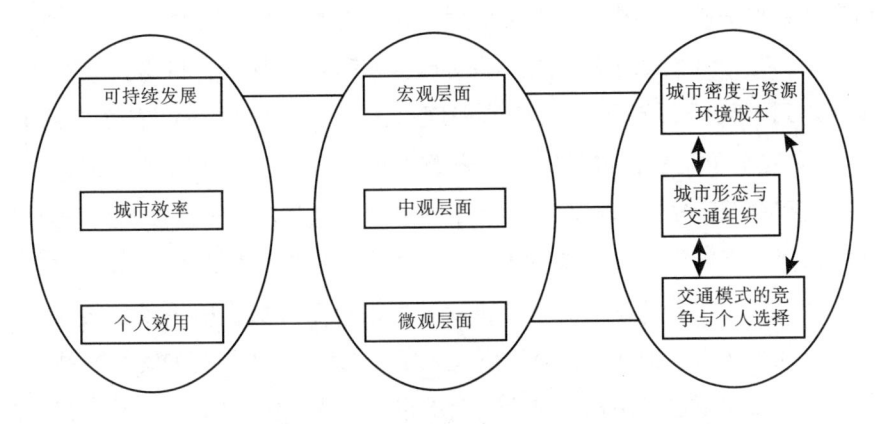

图 2-5 不同层次上机动化的影响

2.2.1 激烈的 NK 之争

在机动化的研究中，1989 年由于纽曼和肯沃斯（后面简称 NK）关于小汽车依赖性的大样本统计学研究成果发表，引起了学术界激烈的讨论。1992 年 NK 发表论文之后，1992 年联合国在里约热内卢的环境与发展大会很多讨论就是基于 NK 关于城市能源消耗与城市密度成反比的结论展开的。1994 年、1996 年、2000 年不断有相关重要的论文发表，丰富关于城市密度的争论，而且在 1995 年左右，直接引申出了"紧凑城市（compact city）"的概念，提倡高密度与混合土地利用。

针对研究结论和对策建议，尤其是对策建议，也引起了激烈的反驳。最初一些学者从经济学的角度对此进行了严厉反驳。但 NK 并未放弃自己的观点，并在继续研究中发展了自己的研究，扩大了样本，其标志性成果是 1999 年《可持续发展与城市：战胜小汽车依赖性》（*Sustainablity and cities: overcoming automobile dependence*）一书的出版和相关论文的发表。虽然 2000 年后，还有其他学者使用不同的统计学方法进行修正，但主要结论基本不变，NK 在 1999 年的著作可以说是这一流派的代表作。但是，以地理学界为主的学者，基于城市案例的机制分析，虽然有限地承认了其中一些结论，主要却是对其研究方法和结论的修正。

一些研究从经济学的角度较为严厉地反驳了 NK 的研究，不但指出其研究在数据基础上存在一定的可信度问题，更严厉的是批评其研究缺乏理论基础，是"儿童数字游戏"（Gordon, 1989）。还有学者指出："我们必须认识到，灰浆石砖和小汽车的密度与人口密度之间并没有必然的联系。"从这些争论看，争议的根本来源于从前者研究直接得到政策建议，即通过控制城市密度来实现对小汽车的遏制，这与发达国家，尤其是美国多数居民已有的生活方式是不适宜的，这种试图改变生活环境的政策与自由主义的经济学哲学原则产生严重冲突，也缺乏可操作的手段。实际上，许多研究者认为，即使认可 NK 研究关于城市密度和小汽车关系的结论，但根本无法应用这一结论来制定改变城市密度的政策，因为城市形态具有不可逆性，除非重新建设城市，因此这一结论的政策价值在发达国家并没有得到普遍的赞赏。甚至有学者尖锐地指出，这一结论适用于到月球去建立新的王国。

而来自地理学界对 NK 研究的修正较少受到哲学基础的影响，但地理学的综合性分析方法认为，城市发展中其他因素对机动化的影响也是非常深刻的，甚至比城市密度的影响要大，其中一些因素并非能够反映在统计数据的分析上。因此，这一领域的研究也对 NK 的结论表示了严重的怀疑。

以上争论的哲学基础与价值判断不同：是自由主义与政府调控、经济增长与可持续发展、技术主导还是经济文化政治制度主导的争论。受到哈耶克的影响，西方经济学家一贯的思路是去修正价格体系，而控制密度等措施，已经是一种次优的选择，甚至是有害的办法，且不论其政策的有效性受到怀疑。

由于立场不同，最后的政策建议也不一样，甚至影响了分析中各种事实的阐述。下面将总结一些典型的争论和对一些"想当然"结论的不同看法。

2.2.2 低密度是小汽车造成的吗？

尽管 NK 的统计表明小汽车与低密度相关，但还有观点认为这并不意味着只有小汽车导致了低密度。实际上，在世界各国城市发展过程中，有一个很普遍的现象：城市用地的扩展速度要快于城市人口的增长速度。根据经济学边际原则，开发面积（developed areas）的增加将小于人口增长。1994 年道格拉斯的研究表明，用地增长与人口增长的比值在世界范围是类似的：美国为 1.58，印度为 1.62，南美为 1.25，中国为 1.17（Shoshany et al., 2002）。1970~1990 年，芝加哥的人口增长了 4%，土地开发面积（developed land area）增加了 46%，洛杉矶人口增加了 45%，用地（settled area）增加了 300%（Donella H. Meadows，1999）。

有研究表明，不仅是放射状的高速路，放射状的轨道交通系统也能够促进城市的扩散，实际上伦敦的扩展比洛杉矶还要大（保罗·切希尔，2003）。因此，对汽车造成了内城衰败的观点是欠慎重的。在 20 世纪初，许多观察家对内城的看法与现在很不相同，他们认为大运量交通也会有同样的作用，只不过小汽车的作用更快。市间铁路使得离开城市更远地方较低密度的居住区开发成为可能，由此构建了一个城市和郊区开发的模式，这个模式被后来的小汽车加强了①。巴黎和东京将会走洛杉矶的道路吗？很大程度上它们已经如此，就像世界发达国家的其他城市一样，汽车时代诞生了居住郊区化，以及随之而布局在郊区的商业和工业中心。这种模式并不只是美国人对小汽车疯狂热爱的产物。尽管巴黎和东京保留了显著的城市中心和历史文化街区。

2.2.3 小汽车威胁可持续发展吗？

如上所述，绝大多数文献严厉指责了小汽车模式缺乏可持续性，但这种观点仍然受到质疑。很多学者注意到美国和澳大利亚这样小汽车高依赖性的国家，其居民上下班时间更短，也即在交通拥堵上更节约时间。在能源消耗上，虽然私家车消耗了更多的能源，但通过技术进步来解决问题是可行的。如澳大利亚的私家车消耗了10%的能源，除了通过减少私家车并增加公共交通工具的途径降低能耗外，还可以用技术途径来降低能耗，如果采用目前已可达到的技术改造私家车，系统的能效可以提高30%以上，或者直接限制小汽车的规格及动力水平，也能达到降低能耗的目的。而且与前一途径相比，技术途径节约的能源更多。因此，日本的高密度城市不见得比低密度的澳大利亚城市更有经济效益，甚至有研究质疑小汽车占用路面过多降低路面效率的结论（迈克·詹克斯，2004）。

还有研究认为小汽车引起的问题并不特殊，实际在历史中都发生过，价格机制和技术进步最终都克服了问题。在马车时代，19世纪80年代的伦敦和纽约就有交通拥堵。而且导致了污染，纽约在20世纪初，每天产生250万磅的肥料和6万加仑的尿，占道路垃圾的2/3。同样，木船也导致了森林的破坏：一艘典型的军用船需要1400棵树，商船平均为97棵，因此不难理解英国在19世纪80年代初的木材危机（Brian Hoyle and Richard Knowles，1998）。这些问题和小汽车的污染以及石油危机非常类似。但人们使用小汽车是因为它带来的正效应较强，而负效应却存在明显外部性，可持续发展可以从修复价格机制和技术进步中得到，这种观点带

---

① Automobile city? Transport and the making of twentieth-century Los Angeles, Ralph Harrington, http://www.greycat.org/papers/losang.html.

有强烈的技术色彩。但的确，几十年来，轿车自重降低了30%，百公里能耗降低了50%（张仁琪，1997），对可持续发展的作用是极为明显的。

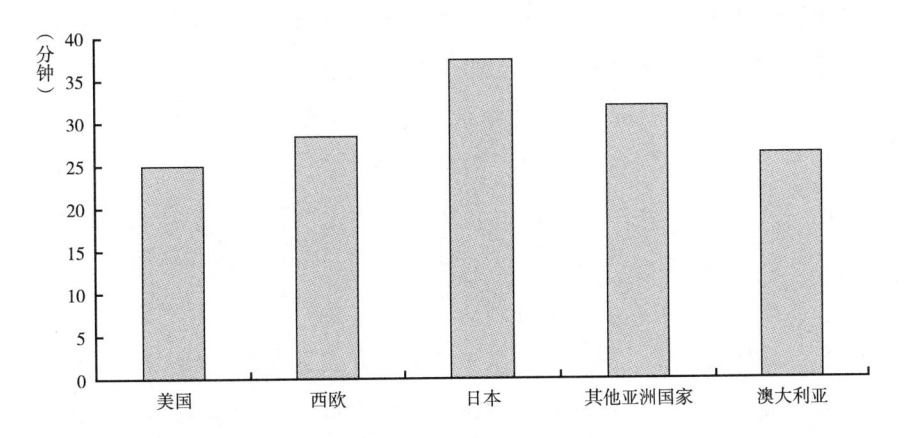

图2-6 美国与其他国家上班出行时间对比（1990年）

资料来源：钱志鸿，西南交通大学，2005年讲座资料。

2.2.4 如何评价小汽车与城市蔓延

一般把城市边缘低密度的扩展称为城市蔓延（urban sprawl），但这一术语并没有统一的精确定义，对术语的定量标定往往是不成功的。由于在许多场合的大量使用，导致了术语所针对的目标更加含混不清，结果导致了一些词汇的混用，如低密度开发、分散化（Dispersed or Decentralized）、多中心化（Polycentric）和郊区化等。

目前关于城市蔓延的定义多达数十种。一个常见的定义是：城市蔓延是城市向外扩展，其郊区占用城市边缘地区越来越多土地的过程，涉及开放空间（农业用地）在建成区的保留问题[①]。佛罗里达反蔓延条例（Florida's Anti-sprawl Rule）对城市蔓延的定义，也在许多文献中被引用（Ewing，1997），它是通过总结城市蔓延开发的特征来进行定义：（1）蛙跳或分散开发；（2）商业带开发；（3）低密度和单一功能开发，比如睡城。对蔓延标定的一个主要指标是可达性，比如平均出行距离和平均出行时间，

---

① http：//www.sprawlcity.org/defining.html.

可以通过住户出行调查得到。还有一种定义强调了汽车的作用：城市蔓延是一种城市和大都市区增长的模式，其中心区不断恶化，而边缘区围绕中心区进行低密度的、依赖汽车的和排外的开发（Squires, 2002）。许多情况下蔓延往往用来批评未经规划不合理的开发，是丑陋的、非人性和社会隔离的，带有强烈的讽刺意味，在这类情景中，蔓延没有进行学术上严格的定义。

许多文献研究了蔓延的原因，比如政府政策，美国联邦政府对高速路的补助（尤其是1956年美国的公路法被许多文献提到）；家庭贷款利率的降低；公交的供给不足也被认为是重要原因；还有人声称是为了远离城市中心区的黑人和穷人。但更得到认可的看法是：城市蔓延不是外在政策或者坏的规划的结果，而是基于汽车的生活方式所带来的无法避免的副产品。城市蔓延与生活质量提高密切相关，也带来一系列的问题，人们的看法随之有了分歧。

很多人指责城市蔓延与小汽车带来人居环境的恶化，芒福德对小汽车主导的郊区化进行了猛烈的抨击，指责小汽车普及带来的城市蔓延使郊区丧失了邻里特性，变成了散开的、低密度的团块，对城市结构和交通都是不利的，是一种反城市的发展模式。

> （小汽车带来的城市蔓延造成了）一团难以辨别的住宅，被许多快速路分隔成许多地段，这些快速路只负担了过去公共交通所负担的一小部分交通，车速也低很多，行驶在一个满是烟雾的环境中。……对速度和空间的崇拜破坏了城市，由于缺乏足够的城市预算来适当安排能集中在城市里的全部生活所需设施，我们就满足于单一的功能——交通；或者毋宁说，满足于一个差强人意的交通系统中的一个部门，即私人小汽车。（刘易斯·芒福德，2004）

汽车与城市蔓延带来的负面影响在前文已有一定的介绍，这里不再展开。但这些观点并未得到所有研究者的认同。一些支持蔓延的研究者指出，技术进步使蔓延对环境的冲击大为缓解，城市蔓延最大的问题实际上是没有车的人们如何来适应这种形势，以及城市蔓延对稀缺资源——土地的占用。这里将支持者的主要辩解总结如下：

1. 尽管规划思潮提倡高密度生活，但高密度并没有反弹，城市仍在继续蔓延。美国依赖小汽车上班的比例还在上升：从 20 世纪 60 年代到 21 世纪前十年分别是：64%，78%，84%，86.6%，87.9%。

2. 许多因素都促进城市蔓延，但最终只有一个根本原因：小汽车的技术优势导致了郊区、边缘城市等等。

3. 蔓延的负效应被夸大了。尤其污染，由于技术进步，汽车驾驶增加造成的污染已经有所好转。边缘城市与优质的生活环境、大住宅和短通勤时间相联系。

4. 问题不在于居住于郊区的人们，而在于未能迁移到郊区的人们，或者不能拥有多辆汽车的家庭。

同时，支持者也强调了城市蔓延带来的正效应，这里也总结为如下几点：

1. 住房面积更大。根据 1999 年美国住房调查（1999 American Housing Survey）对人均居住面积的统计看，小汽车城市的人均居住面积更大：曼哈顿平均住宅单元是 76.2 平方米，而华盛顿郊区是 181.2 平方米，美国全国平均是 129.6 平方米。

2. 上班通勤时间更短。交通拥堵整体上没有降低基于小汽车的通勤时间，即使堵车人们也不会放弃小汽车，波特兰（Portland）就是个显著的例子，其交通拥堵不断加剧，90 年代公共交通（transit）的比例仅仅从 6% 增加到了 6.2%。2000 年美国平均小汽车的出行时间是 24.1 分钟，公交是 47.7 分钟。纽约城市的平均通勤时间是美国所有大城市中最长的，达 39 分钟，而边缘城市的平均值为 21 分钟，大约是它的一半，每天可以节省 30 分钟。

3. 对其他一些对城市蔓延的指责进行了反驳，因为很多负面影响没有衡量标准。甚至一些指责是没有道理的：在一些城市，小汽车的普及降低了居住空间的分异；一些环境保护主义者认为小汽车推动了城市蔓延摧毁了森林，但实际上，在过去 20 年，美国的森林覆盖率不是减少，而是增加了。

总的来说，反蔓延的思潮从 20 世纪 60 年代就开始出现了，随着蔓延负面影响的出现而逐步加强，到 90 年代美国反蔓延联盟逐步形成，包括环境组织、建筑师、规划师、学者、公共事务管理者、政治家、市民组织等，开始在城市发展的决策中发生实际影响。房地产商、建筑商和市场长期忽视了反蔓延力量，直到90年代后期经济复苏中越来越多的州开始了城市增长管理，反对反蔓延的联盟才开始形成，主要包括了工业界的房地产开发商、建筑业，消费者中的经济住房的推动者，以及自由市场主义拥护者这样的社会力量，这些力量通过保守的和自由市场的主张联合起来。这一联盟迅速显示了强大的政治影响力，使得2000年科罗拉多州反蔓延提案遭遇失败。由此可见，郊区化蔓延虽然带来了很多问题，但这一运动给美国居民的确带来了许多收益，正因如此芒福德才称之为群众运动。虽然公共利益受到关注，但NIMBY（别在我的后院）却是许多居民实际的选择，结果出现了一个看似矛盾的局面：据1999年美国建筑业界的调查，83%的居民愿意在远郊区的独立式住宅居住；而同年另一项民意测验却表明，57%的被调查者反对城市蔓延，这一比例到了2000年增加为78%（吉勒姆，2007）。可见，要在小汽车化的城市蔓延与紧凑发展之间做出选择，并不是一件容易的事情。对尚未出现同类问题的国家，不能忽视小汽车化城市蔓延的内在机制及其力量，更不能认为简单的直接干预就能控制这一力量而实现城市紧凑发展的目标。

2.3　机动化影响下的城市规划思潮与实践

20世纪50年代，美国芝加哥地区的交通规划完成并出版了《芝加哥地区交通规划》，城市交通规划出现了"四步骤"交通规划方法，揭开了西方国家城市规划崭新的一页。这一方法是在大规模科学化的城市交通调查基础上进行的，要求很大的社会、技术和经济成本的投入。比如1952年开始的芝加哥的交通规划调研，从开始到完成花了数万名志愿者和几百名专家6年的时间和努力；上海1986年开始的交通调查也花了7年，耗费数百万元，最终才编制出《上海市综合交通规划》（周江评，2006）。可见，使用这一方法，无法及时对快速的机动化进行应对。机动化主导的剧烈的郊区化，对城市规划的思潮和实践都有巨大的影响，引起了城市规划理论一系列的变迁。

2.3.1 边缘城市

边缘城市（Edge City）这一概念由于《边缘城市》（Joel Garreau，1991）一书而流行起来，但实际在1965年就开始有了，当时是在中心城区以外建设的新城。这些新城有大面积的办公区，就业、居住、购物等功能齐全，是一个完整的城市。但城市出口的不是传统的制造业产品，而是信息时代的产品。边缘城市代表了一种与传统不同的郊区化，土地开发商的角色也不同。传统的郊区化是基于经济活动从中心城区分散和1920年后小汽车和货车的大规模生产。

经济学家很早就模型化了睡城的郊区化（Vernon Henderson，Arindam Mitra，1996），但边缘城市不同之处在于它不是简单的睡城，或者简单的城市分散化和城市蔓延的产物。边缘城市拥有由大开发商实施的办公区。几乎所有边缘城市最初都是一个大的开发代理（Agent）商推动的。

2.3.2 有机分散

1943年伊利尔·沙里宁在其名著《城市——它的发展、衰败与未来》中提出了有机分散，认为改善城市的过程中，治理的方法是逐渐将原来像中世纪集中的城市走向分散，"集中"的城市形态已不必要存在。"就解决问题的新途径而言，我们现在已经觉察到一种由当前的集中走向将来的分散的强烈趋势。""在畸形发展的城市中，集中会造成拥挤与混乱，从而造成城市的衰败与贫民区的扩散。'有机的分散'应当是我们的口号，也应当是我们分析现代城市问题时的主题。因为只有用有机的方法解决城市的分散问题，才能使城市恢复有机秩序，并能产生持久的效果。"

他理想中的城市是一个个规模适宜的功能齐全的居住组团。在论述具体实施有机分散的原则时，沙里宁提出："'对日常活动进行功能性的集中'和'对这些集中点进行有机的分散'这样的组织方式，是使目前密集城市得以从事必要的和健康的疏散所用的两种最主要的方法。""功能性的社区是在居住与工作之间安排恰当的相互关系所产生的直接成果。""城市有机分散的最显著的特点在于原先密集的城区将分裂成一个一个的集镇，它们彼此之间将用保护性的绿化地带隔离开来……这些绿化保护地带，将构成一个完整的带状绿地系统，把整个城市及其各个社区都包括在里面。""把相互联系的快车干道，设在带状绿地系统内，是在分散城市中解决交通问题的基本办法。"为了达到和谐的分散的城市并使和谐的分散不被破坏，需要有专门的政府部门参与规划以防止短见的房地产开发破坏原先的规划。另外在各居住区中设置绿地无人区除了降低道路的噪声外，主要也是为对抗盲目开发。

2.3.3 新城市主义与TOD

新城市主义（New Urbanism）是20世纪90年代初，北美地区城市面对郊区的无序蔓延，提出了一种新的城市规划和设计思想，主张借鉴二战前美国小城镇和城镇规划优秀传统，塑造具有城镇生活氛围的、紧凑的社区，取代郊区蔓延的发展模式。新城市主义的基本思想是，把邻里作为居住区的基本单元，在区域的层面上，通过公共交通站点来组织社区，减少人们对小汽车的依赖，控制城市蔓延。在邻里的层面上，通过创造一种适合步行的环境，增加人们的交往机会，密切邻里关系，形成一种具有浓厚生活氛围的社区。

公交导向型开发（TOD）强调土地使用与交通运输相结合，强调社区与区域间的关系，社区对内及对外的联系成为规划的重点，是较适合于未来规划的趋势。TOD是新城市主义思潮的一种具体体现，是区域规划、旧城复新、郊区发展以及倡导步行的集合。作为一种利用新城市主义理念的土地开发模式，TOD以城市多中心以及高密度的土地开发模式为基准，以高效率、大容量的公交运输为城市主干，鼓励市民搭乘公共交通，表现出城市公共交通系统对于调整城市用地形态的积极干预，对于城市公共交通的发展具有重要意义。同时，TOD提供的不仅是交通模式的选择，而且从基本上提供了生活方式的选择。当我们面临拥堵、空气质量、开放空间的保护、适宜的居住环境和生活方式等问题时，TOD及其公共交通方式将是可持续发展越来越重要的战略（Dittmar，2004）。

总之，TOD寻求的是社区和区域、工作和居住、密度和交通服务水平、民族和多样的社区生活，以及不同年龄、收入和种族的人们的混合居住。TOD的核心是行人，土地混合利用的目的是创造良好的步行环境。

国外在交通与土地利用关系研究方面积累了丰富的经验，近年来，多学科交叉和可持续发展理念是这些研究的主要发展趋势，归纳起来有以下几个发展阶段：(1) 20世纪60年代，经济高速发展，引发"大规划"，而对工程的重视推动了交通工程领域的发展；(2) 20世纪70年代，人文社会化经济因素受到关注，经济发展趋缓，产生对交通需求管理的关注，从而对重视交通需求的分析（包括模型分析和实证研究）；(3) 20世纪80年代在模型研究方面，多学科的交叉趋势明显，综合模型受到重视；(4) 20世纪90年代，环境因素受到重视，空间信息技术的发展推动传统方法的变革，可持续发展受到重视。

2.4 国内研究评述

2.4.1 相关博士论文

1999年同济大学卫明的博士论文（徐循初教授指导）《我国特大城市中家庭小汽车的发展研究与客运交通规划改进的探讨》，较早地开始了对我国机动化，特别是私人小汽车的研究。该论文较多地关注了我国机动化的趋势和现实机动化，尤其是公车的问题。

2000年中国科学院地理科学与资源研究所杨荫凯的博士论文（张文尝研究员指导）《机动化的阶段性发展理论及我国机动化道路的选择》，系统地介绍了国外机动化的历程，并分析了我国机动化可能带来的影响。

卫文对国内机动化做了大量的分析，但由于当时的情况与现在大不相同，该文还大量研究了公车的影响，甚至在其第六章关于家庭小汽车体制背景分析中，主要分析了公车，虽然这正是那个时代机动化的特点，并与杨文的分析一致，但2000年之后情况大不相同。而杨文在对机动化本身的研究上取得了丰富的成果，尤其对国外机动化做了系统的介绍，但对我国未来机动化的爆炸性增长与卫文一样仍然未能预见，在结束的时候还感叹"中国人的汽车梦难圆，要圆，能圆"。在2000年后，居民收入的提高、汽车降价、金融服务的兴起与中心城区房价升高而郊区基础设施服务不足等因素促成的机动化爆炸性影响在以上的论文中就没有进行系统的研究，尽管可能在研究中对这样的可能性有一定的关注。

而2004年同济大学马强的博士论文（徐循初教授指导）《走向"精明增长"：从小汽车城市到公共交通城市——国外城市空间增长理念的转变及对我国城市规划与发展的启示》，开始介绍国外机动化对城市空间结构、城市规划与城市增长管理的影响，但对国内的分析主要集中于文献综述，没有真正意义的理论创新和实证研究。

毛蒋兴、阎小培（2002）从土地利用、交通供需和交通模式选择的宏观角度分析了城市土地利用模式与城市交通模式之间的关系，认为二者之间有复杂的互动反馈关系，并指出我国小汽车不能盲目发展。

2.4.2 相关案例研究

我国机动化对城市形态的影响已经初步显露，尤其是居住区，一些情况与国外极其类似。比如近年来，北京住宅空间发展趋势之一是沿主要交通干线呈放射扇面向郊区发展。目前，相对成熟的住宅扇面有以下几个：机场高速公路扇面、京昌高速公路扇面、立汤高速公路扇面、京通快速路扇面、京津塘高速公路扇面、京石高速公路扇面等。香港大学的学者采用统计分析也发现，国内城市密度有下降趋势（张文忠，2000）。

而机动化已经导致了居住区密度下降和道路用地偏高的问题。郑正等（1998）对35个全国城镇小康示范小区规划（已经通过建设部评审）的统计显示，多采用了《2000年小康型城市示范小区葵花设计导则》中偏大的面积标准：住宅套均面积在85平方米以下的仅有4个小区，占10%强；85～90平方米之间有9个，约占25%；其余60%的22个小区套均面积高达114平方米，最高的为165平方米。同时，机动化情况也超出规定。《导则》建议示范小区的小汽车停车位按住户的20%～50%配置，对35个小康示范小区的规划方案统计，车位配置率为住户的54.64%，人均道路停车用地评价为4.2平方米，是规范中的上限值，道路用地增加，导致人均小区用地增加，结果是人均小区用地超标或者侵占小区绿地。未来30～50年内，提倡建造住宅面积为60～90平方米，限制居住面积在100平方米以上的住宅建设。这还是2000年以前的研究，2000年之后的机动化进程要剧烈得多，一些居住区内就出现了严重的拥堵。

一些居住郊区化中机动化现象特别明显（郑国，2005），比如北京经济技术开发区（BDA），截至2004年底，共建成或在建小区16个，规划户数14919户，规划人口4.1万。该片居住区地处郊区，北京的第二道绿化隔离带将其与市区明显分隔开。在规划时产业区与配套居住区分开，居住区内没有生产、办公和大型商业设施的干扰，是一个纯粹的居住区域。开发区内的居住区容积率很低，多在1~1.5之间。其中绝大多数家庭以前在主城区居住（随机采访的10个家庭占8个，另外两个来自通州和望京）。其居民职业分布为：外资企业占40%，民营企业占35%，政府官员（处长、副局长）占10%，其他占15%。而机动化情况为拥有1辆车的家庭占95%以上，拥有2辆车的家庭占60%左右（同期北京全市有车家庭约为12%），显然出行依靠私家车。

2.4.3　国内研究评述

国内统计数据的可信度和覆盖面都不够，甚至一些基础的数据研究仍然欠缺，导致国内研究更多地依赖案例分析，而且出现了一些矛盾的认识（闫军，1997）。比如对我国道路总量的认识，通常使用与国外对比的方法说明问题，而实际上，我国1995年实施的《城市道路交通规划设计规范》对支路的定义是："支路是次干道与居住区、工业区、市中心区、市政公用设施用地、对外交通设施用地等内部道路相联系的道路。"因此支路作为最低等级的城市道路，未包含居住区、工业区、市中心区、其他设施用地的内部道路，与国外城市道路等级分类相比，我国的支路处于"集散道路（collector）"和"地方街道（local street）"之间，因此，我国的道路等级分类留有空白，未能全面反映城市道路实际现状。美国的地方街道占全市道路长度的60%~80%，而我国这部分道路却不能计入城市道路，这是我们统计城市道路面积率比发达国家低许多的原因之一。

近年来国内快速发展的情况与西方20世纪60年代类似。尽管注意到社会、经济等人文因素的重要性，但其思想仍未真正渗透到理论、模型和实践研究中。交通规划与土地利用规划尚未能很好地结合，即使将两者结合起来研究，也更多是在已知土地利用模式的条件下来建立交通模型，而较少考虑它们之间的互动关系。交通规划仍将重点放在道路基础设施的建设以满足快速发展的机动化交通需求上，交通需求管理及相应的研究有待加强。

在理论和模型研究上，以引入、学习国外的理论、经验为主，本土化的研究较缺乏。由发达国家发展出来的模型方法都用以反映其本国具体情况的。我国具有自己的独有特色，我国的大中城市也有一些国外城市所没有的问题，高密度开发的特征及特殊的经济转型期的房地产市场等现状与国外很多国家的发展实际不同，若要应对快速发展的城市化，则亟须积累本土化的研究经验，为规划与决策提供参考。另外，在规划和管理实践上，由于缺乏相关的研究积累，科学、合理的规划与管理决策缺乏依据。宏观与微观层面上的研究之间未能较好地衔接。

第三章
中国机动化的特征与趋势

3.1 相关的概念辨析

3.1.1 机动化

一种"机动化"（Motorization）的严格定义来源于"机动车"的定义，即机动化是各种机动车（Vecle）的使用逐步推广的过程。比如杨涛（2004）认为机动化就是用机动的方式替代人力、畜力方式完成人和物移动的过程。从这个意义上讲，机动化不等于汽车化，更不等于小汽车化；但与汽车化又有密切的联系，摩托车化、小汽车化、公共汽车化、轨道交通化等都是机动化的表现形式。它们之间的不同主要在于占主流的机动化交通方式的不同：摩托车化即摩托车的高速发展和广泛使用；小汽车化是指小汽车逐步进入居民家庭的过程（杨涛，2004）。

但在实际的术语使用中，"机动化"常常更多地指向"汽车化"，而不包括"公共汽车化""轨道交通化"，而且这些术语使用很少。这一方面是因为我国将机动车的范畴明确限定为四轮以上的车辆，即通常所说的汽车的范畴；另一方面是因为，在研究"机动化"问题的时候，更多地指私人汽车使用增加带来的问题，或者过多地使用小汽车带来的问题。

前文已指出，近年来中国机动化进程的主要特点是私人载客汽车的迅速增加。因此，本书的研究对象"机动化"，主要是汽车化进程，私人小汽车增加是中国近年来机动化的主要方面。因此，本书对"机动化""汽车化""小汽车化"这几个词并不严格区分。特别需要注意的是，本书主要针对私人部门的汽车增长过程，因此机动化不包括城市轨道交通等公共交通模式。但公家使用的汽车，即"公车"仍然被视为本书所指的"机动化"范围内。

3.1.2 汽车

"汽车总量"这一概念并不十分严格——尽管它已经广泛地使用了。更严格的术语是"汽车保有量"，即指现有在册的允许上路的车辆数，用以反映当时交通系统面临的车辆压力，通过在原车辆保有量基础上加上新入户的汽车数量，并减去报废的汽车数量进行计算。由于不断地有新车入户和旧车报废，它是一个变动的数。在统计局的统计中，往往使用"汽车拥有量"，而不是汽车保有量，但其内涵基本是一致的，在国家统计局的统计指标解释中，特别强调汽车拥有量是车辆的"实际"拥有情况。车辆包括民用车辆、轮胎式拖拉机、摩托车等。

但即使是"汽车"这一概念本身，在与城市统计数据相联系的时候，也容易出现混乱。比如《北京五十年》中机动车总量突破200万辆的时间是2004年，显然与《北京市交通发展纲要》提及的2003年8月突破200万辆机动车保有量有出入。当然，这种不一致一般不是数量级上的差别。其原因可能与我国的汽车拥有量统计来源不是单一部门有关，而是统计部门、公安部门和交通部门三个部门：统计资料往往一部分来自各省、自治区、直辖市统计部门，而另一部分又来自公安部门的登记和交通部门的登记。前面提及的《北京五十年》属于统计部门发布的数据，而《北京市交通发展纲要》则是交通部门发布的数据。

另外，汽车在统计中本身也面临车型的定义和空间属性的定义问题。目前城市各种统计年鉴以及相关报告多是沿用车型划分，汽车车型较多，机动车不等于汽车，私家车不等于私家轿车。一种主要的划分标准是：大中小型客车、大中小型货车、摩托车、助动车、公交车、自行车等。这种划分较少反映汽车的产权，对私人小汽车的统计并不多见。其中，很多情况下"小客车"（或称为小汽车）包括轿车、吉普车和小型面包车，有时轿车还分为小轿车和大轿车，前者一般的乘坐人数不超过5人。

汽车车型较多，直接导致了统计的划分标准较多，导致了一些统计数据本身和使用上的混乱：有的资料没注明是否包含摩托车，是否包含军队用车等。在广州的机动车中，包含相当多的摩托车，而这些摩托车基本上都属于"私家车"。北京曾经限制摩托车，郊区的农用机动车也非常少，因此机动车保有量基本反映了汽车总量指标。从车辆统计的空间属性看，现有的多数年鉴无法反映车辆的注册地点与实际空间分布存在的差别，这也增加了研究的难度。

3.1.3 小汽车依赖性

进一步，这里将引入另一个术语：小汽车依赖性（Automobile Dependency 或者 Car Dependency）。这一术语在讨论城市交通问题时经常被使用，而且其正在越来越广泛地被使用——特别是讨论小汽车问题时。这一术语最初用于刻画美国、加拿大、澳大利亚、新西兰和欧洲一些大城市的小汽车使用过多的情况，较为严格的表述是通过小汽车拥有和使用相对于公共交通（Transit）使用的相对水平来定义的。然而，具体到什么程度构成了"依赖性"却很难给出（或者无法给出）一个量化的指标。但这并不影响这一术语的广泛使用，因为针对这一术语的研究是围绕城市密度/形态与小汽车拥有/使用量的关系来展开的[1]。

3.2 中国机动化的基本特征

3.2.1 较低的人均量和较高的增速

近年来，中国机动化特点为人均并不高，但增速很快：汽车产量 5 年翻了一番多，由 2001 年的世界第七大汽车生产国跃升为世界第三大生产国，到 2011 年民用汽车拥有量已达 9356 万辆，近十年年均增长速度达到 17.9%。尽管增速很快，但与美国 2004 年高达 2.4 亿辆的汽车保有量相比，总量仍然很低，人均量就更低了。而从轿车人均量看差距更为明显。中国目前的千人轿车拥有量仅为 15 辆左右，远低于印度 47 辆/千人的水平，更不能和美国几乎人均一辆的水平相比。

---

[1] http://en.wikipedia.org/wiki/Automobile_dependency

表 3-1　世界各国轿车保有量对比

国家	轿车保有率(辆/千人)	国家	轿车保有率(辆/千人)
美国	783(1997 年)	瑞士	468(1992 年)
法国	586(1995 年)	德国	454(1995 年)
日本	454(1997 年)	印度	47(1994 年)
英国	538(1994 年)	中国	45.8(2010 年)

资料来源：1. Dargay, J., Gately, D., 1996. *The worldwide growth of car and vehicle ownership*, ESRC Transport Studies Unit, University College London, Ref. 2. 国家统计局:《中国统计年鉴》，按私人小型和微型载客汽车计算。

3.2.2　以私人汽车为主的爆炸性加速增长

如上所述，近年中国机动车增长的一个特点是增速很快，但更需要强调的是，这种增长具有爆炸性的加速特征。2001 年中国加入 WTO 之后，汽车市场迅速进入了高速增长期，全国私家车的销售年均需求增长达28.1%，2003 年全国汽车的生产量和销售量分别增长 36.6% 和 34.5%，其中轿车的生产量和销售量甚至同比增长 84.4% 和 80.7%[①]，而美国小汽车工业发展的高峰增长期速度才达到 49.9%（马强，2004）。机动化又以轿车增长最为突出，而轿车销售中，私人购车比例迅速增加，汽车行业形象地称之为"井喷"（肖永清，2001）。

机动车的爆炸性增长中，又以私家车增长最为迅猛，城市私家车比例增加是一个全国性的趋势。20 世纪 90 年代初期以前，中国的公车比重占到了 90% 以上的绝对优势，这是中国机动化区别于世界其他各国的显著特点。1993 年全国私人汽车拥有量才 100 万辆左右，其中私人轿车只有 5 万辆，从增量上看，1993 年全国新增小汽车 50 万辆，其中私人车的比例不足 3%。这一情况在 90 年代末期以来，尤其进入 21 世纪之后有了极大的改变。从 1998 年开始，全国轿车私人购买比例已经超过 50%，一些城市达到 70%，到 2001 年全国私家车的数量达到 771 万辆[②]。而一些大城

[①] 慧聪行业研究院汽车市场研究所：《中国行业资讯大全 2004~2005：汽车行业卷》，慧聪网（www.hc360.com）：26。

[②] 资料来源：《私家车：想说爱你不容易》，新华社北京 9 月 27 日电，http://www.dayoo.com/content/2001-09/28/content_ 232323.htm。

市由于收入较高，私家车的比例更高。截至 2005 年 5 月，北京市的机动车保有量超过 241 万辆，其中私人小汽车超过 110 万辆，占全市机动车保有量的 45.6%，这意味着，在北京市道路上行驶的所有机动车中，约有一半是私人小汽车。这一比例在广州为 37.8%，在上海为 22.6%（北京市交通委员会，2004）。

这一情况暗示着，城市交通政策的有效性随着对象的变化而有很大的变化。在以前，由于公车的比重较大，公车与私车的产权不同直接导致了许多对私人小汽车非常有效的城市交通政策在实施中效果不明显，尤其是经济学更为看重的收费等价格调节手段。1999 年，汪光焘在"'99 上海国际城市交通学术研讨会"的讲话，提到北京市公车的平均出行次数和出行距离分别是家庭小汽车的 3 倍和 5 倍，且"公车私用"现象十分严重。但随着私人汽车的比重增加，城市机动化政策的对象主要是私人汽车，政策也应该有所变化，国际经验和经济学分析变得更为重要。

政府主管部门、规划者和学者都较早地关注了中国可能的机动化进程及其影响（王辑宪，2002；戴特奇，2006）。但是，中国城市居民私家车的迅速发展仍然超出了预料，许多权威部门和研究机构的预测比实际严重地偏低。在面对这种预测偏低之后，对于中国的机动化到底处于一个什么阶段，尽管有大量的诸如"快速""加速"的字眼来形容，但通过定量分析刻画机动化进程的研究并不多见。近年来我国城市交通出现的严重问题，与机动化的爆炸性增长以及对这种爆炸性的认识不足密切相关。这种误差已经不能归于随机波动，它说明所使用的方法和模型存在结构上的偏差，这背后实际是对机动化进程认识上的偏差。下一节将试图以定量对比的方法来刻画中国的机动化进程，这也是后面分析的基础。

3.3 机动化进程的 S 理论及驱动因子

3.3.1 阶段性发展理论及其模型原型

机动化的阶段性发展理论由杨荫凯总结提出，他从各个国家机动化发展的轨迹将机动化进程大体分为皱形起步阶段、膨胀普及阶段和成熟饱阶段（杨荫凯，2005），S 形曲线从模型假设和拟合结果看，比较符合机动化阶段性发展历程的总结。S 形曲线的导数（dm/dt）在普及阶段（M/2 处）达到最大值，较好地反映了膨胀普及阶段的机动化加速过程。

支撑这一理论的数学模型是逻辑斯蒂模型（Logistic Model），又称为阻滞增长模型。它在交通规划预测方面有着广泛的应用。其模型假设机动化增长速度不但与购车人群的基数有关，而且越接近给定条件下的最大机动化水平，机动化增长率受到的阻滞作用越大。其模型为：

$$\left\{\frac{\mathrm{d}m}{\mathrm{d}t} = r\left(1 - \frac{m}{M}\right)m \right. \tag{3.1}$$

其中，m 为机动化水平，r 为机动化的固有增长率，M 为给定条件下的可容纳的最大机动化水平，t 为时间。因子（$1 - m/M$）体现了对机动化增长的阻滞作用，即增长率与尚未实现的那部分机动化比例成正比（姜启源，2003）。该方程可以用分离变量法求解，得到的 $m - t$ 是一条 S 形曲线：

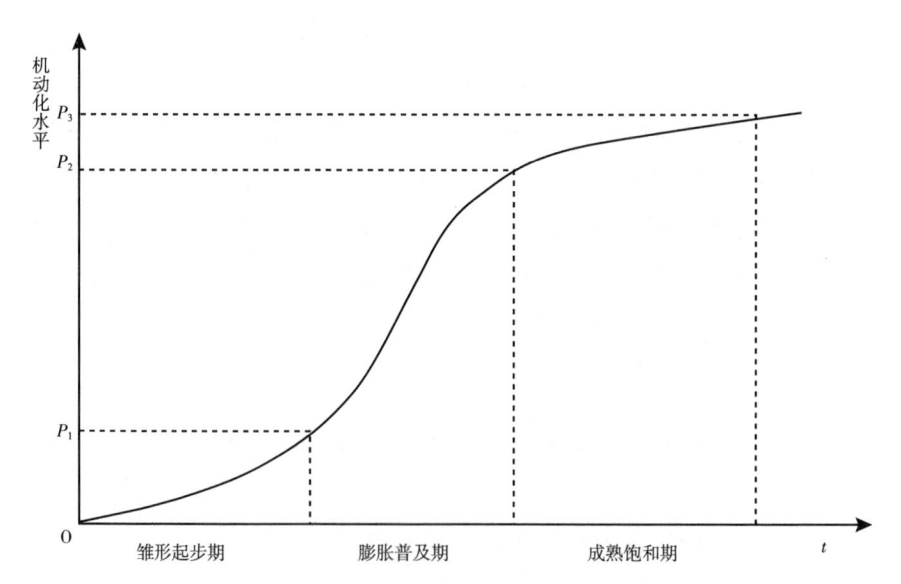

$$m(t) = \frac{M}{(M)} \tag{3.2}$$

图 3 - 1　机动化阶段性增长理想轨迹曲线

资料来源：杨荫凯：《机动化的阶段性发展理论及我国机动化道路的选择》，中国科学院地理科学与资源研究所 2005 年博士学位论文。

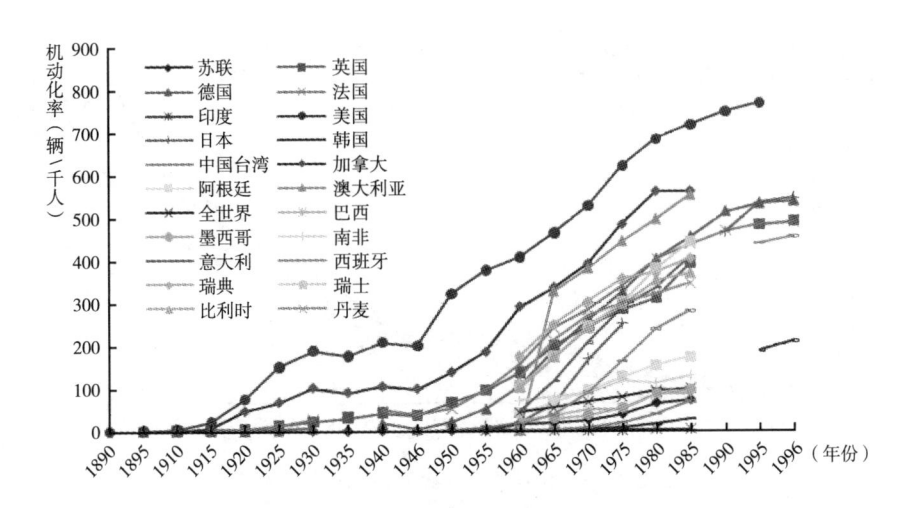

图 3-2 世界主要国家机动化水平增长曲线

资料来源：同图 3-1。

3.3.2 机动化爆炸性的成因与模型缺陷分析

在 S 增长理论下，机动化水平提高最主要的驱动力是收入的提高。这对中国私家车拥有水平的提高有很强的解释力。从统计数据看，城市居民收入的提高与机动车拥有水平密切相关。以北京为例，北京市1978～2003年机动化水平（以每千人机动车拥有率表示）与城镇居民人均可支配收入的当年价的相关系数为 0.986，与市域（由于北京市区行政调整较大，故采用市域数据）人均 GDP（当年价）的相关系数为 0.991。相应的，机动车总量与这两者的相关系数分别为 0.982 和 0.989。因此，无论从市域还是市区看，北京的机动车与财富水平都是密切相关的。

但是，仔细分析现实与模型描述的情况，模型仍然存在一定的缺陷，主要有以下几个方面：

（1）模型假设的最大机动化水平对应着一定的收入水平，当居民收入随时间快速增长的时候，这一假设不再成立。若机动化在远未达到饱和点时其上界已经变化，则此时 S 曲线的拟合效果是值得怀疑的。

实际上，近年来我国人均 GDP 以约 10%的速度增长，而且存在加速增长的趋势。随着经济的加速发展，居民平均收入逐步进入有购车能力的

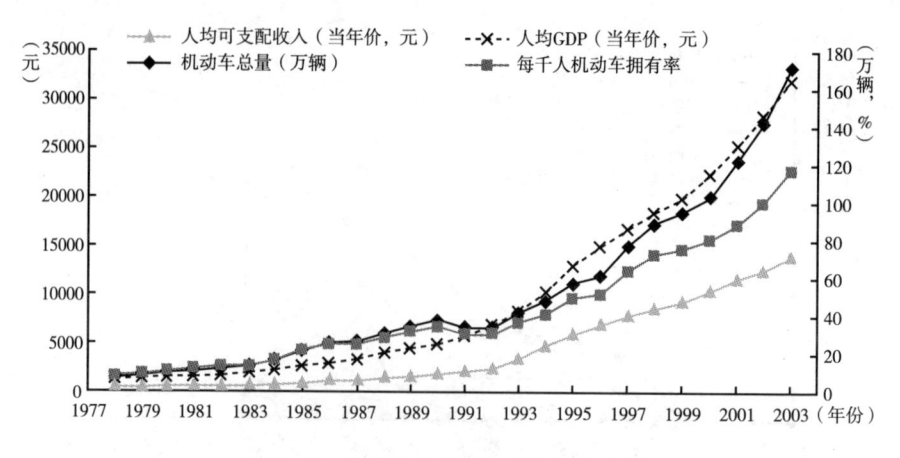

图 3-3 北京的人均收入与机动化水平

资料来源：历年《北京统计年鉴》。

阶段。根据国家统计局 2000 年在北京、上海、广州的调查，高达 80.4% 的居民表示家用轿车合适的价位是 10 万元以内，多数人愿意用 2~3 年的支出购车。而根据国家统计局 2007 年年收入 12 万元的统计，约 170 万人。这说明我国居民收入平均水平不再是远远低于购车能力，购车已经成为一般家庭可能的选择，潜在购车人群数量大大增加了。

因此，S 型曲线模型中的最大机动化水平（M）在实际中不是不随时间变化的稳定值，而是呈现随时间上升的动态过程。这正是机动化爆炸性增长的原因，我们用示意图（图 3-4）来进行解释。如图 3-4 所示，当收入从较低水平增长到较高水平，虚线所对应的 M 亦随之上升，若这一过程发生在机动化膨胀普及阶段，则实际的机动化轨迹将是图中所示的实线 S，而不是 S_1 和 S_2，即存在一个从较低收入到较高收入的跃迁，这使得 S 在加速增长阶段的增速比原始模型所描述的还要高。这就是爆炸性机动化速度在收入方面的一个简单解释。

值得一提的是，图 3-4 中收入增长与机动化增长同步的情况并不是少数情况。许多研究通过多元回归证明了机动化水平与收入是高度相关的，因此图中描述的爆炸性增长出现的机会很大，只是强度随收入增长的速度有所不同。而中国的经济发展速度、城市人口增长速度都极快，出现爆炸性的机动化速度也就不奇怪了。

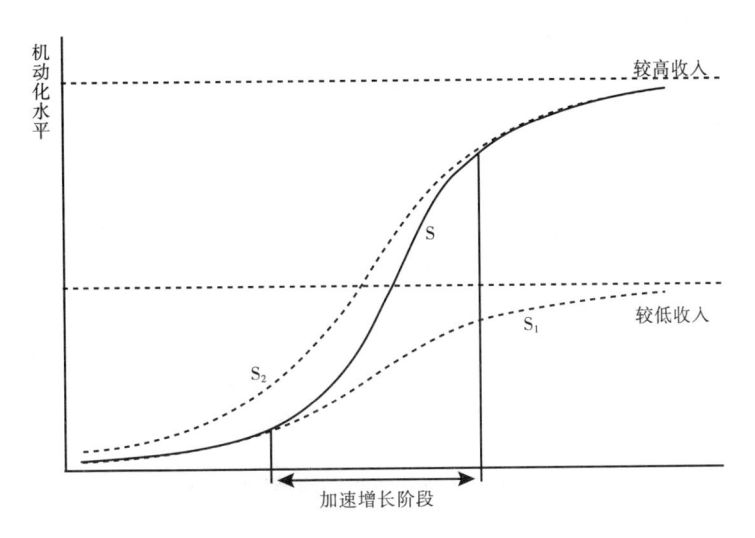

图 3-4　收入增长下爆炸性机动化模型示意

资料来源：笔者绘制。

（2）与居民收入增长相对应，汽车价格的降低与收入增长有类似的作用。而恰好我国汽车行业在近几年出现了大规模的降价行为，使得机动化爆炸性增长更为明显。随着汽车行业的发展，尤其是进入 WTO 之后汽车行业政策和贸易政策的变化，使得汽车价格大幅度下降，出现了大量 10 万元以下的家用汽车。

（3）第三个情况比较复杂，涉及城市与交通之间复杂的相互作用。

由于机动化的发展超过预期，一方面增加了汽车和城市交通量，另一方面使得城市建设相对滞后和不合理，造成了中国城市的机动性和可达性的迅速下降。但这种下降对各人群而言不是均质的，小汽车使用者和公共交通使用者的机动性都下降了，可后者的机动性下降更多，这是因为：（1）公交路线需要选取大运量的主干道，受交通拥堵的影响也最大；（2）公交网络不能及时覆盖城市边缘区，尤其政策强调道路系统的扩展，而不是强调改善公交系统本身的时候，这一问题更为严重。在这种情况下，城市交通的恶化强化了居民出行选择的偏好：对城市居民而言，从一个公共交通使用者变成一个小汽车使用者，可以提高个人的机动性，因而是一个更优的选择。这样就形成了经济学上著名的"公共地悲剧"（Ralph Gakenheimer, 1999）。我国由于城市建设资金不足以及管理水平较低，造成出行速度降低。公交网络扩展缓慢，居住区配套建设跟进不足，使得这样的"被动机动化"现象日趋严重。

以上都是近年我国机动化进程中出现的较新的情况，而在 S 模型中却没有强调这些情况带来的急剧增长。模型与现实差异导致了模型的失效。如果应用逻辑斯蒂（Logistic）模型去分析已有的机动化起步阶段数据，实际上暗含了最大机动化水平为当前水平的假设。真实的机动化进程要快得多，这样就形成了以不正确的函数形式去拟合已有数据的统计系统误差，在城市交通规划预测中出现了对机动化的预测偏低。

3.4 机动化增长曲线的模型修正与模拟

机动车拥有水平的准确定位和预测对政策制定、城市规划和管理都是至关重要的。这不但有利于理解在给定的经济和社会条件下机动化在何处达到饱和，也是交通规划实践的需求。因此，通过人口、收入等变量来分析机动化的发展趋势一直是国际上研究的热点。以各种参数来拟合机动化的研究使用了弹性系数法、线性回归法、多元回归法、逻辑斯蒂模型等多种统计方法。其中逻辑斯蒂模型所描述的机动化 S 形发展轨迹因为有较强的理论背景和表象依据，成为使用较多的模型（徐骅，金凤君，2006）。这里，将以"S"形发展轨迹理论为基础，探讨修正和改进机动化预测中常用的逻辑斯蒂模型，并基于数值拟合分析提出了相关的政策启示。

3.4.1 模型假设的修正：考虑收入增加的情况

对于居民收入和汽车价格下降引起的机动化总量（M）随时间的变化，我们可以从潜在购车人群的数量进行考察。为了考察 M 随收入水平增加而变化的情况，同时减少模型的复杂程度，我们根据现实进行了一些简化的假设。

假设 1：居民的消费偏好和非汽车消费品的价格稳定，居民的购车决策仅取决于汽车价格与收入的对比。这里，我们把汽车价格的下降视为收入的相对上升，故可进一步假定汽车价格指数稳定，与这一价格对应的收入为 L，则收入在 L 以上为有购车能力的人群，称这一收入为汽车收入线。最大机动化水平是潜在购车人群（B）的一个固定比例（α）。这样就使得在给定人口收入结构和规模的情况下，潜在购车人群数量可以由收入线（L）一个变量决定。

假设2：假设人口规模与收入结构不随时间变化。这一方面是因为人口收入结构及其随时间变化的情况极其复杂，且不易获得可用的统计数据，另一方面也因本书建模的目的主要是考察人口收入增加对 M 的影响，而不是人口收入结构对 M 的影响。因此，出于简化函数形式和减少计算量的考虑，我们进一步假设人口收入结构为等边菱形形式。

假设3：假设人均收入是以稳定数值匀速增加。这一假设与现实比较符合。实际上，我国经济增长的速度比较稳定，波动区间较小。从全国职工平均工资看，1990~2005年工资的年增长率在5%~15%之间波动，平均值为9%，2000年之后平均增速为13%。由这一假设，我们设 t_0 时刻的最高收入 I_m 等于 L，则此时机动化水平为0，之后最高收入 I_m 为 t 的线性函数，系数为 β。

假设4：我国机动化还处于初级阶段，在这一前提下，同样出于简化模型形式和减少运算量的考虑，我们只分析收入金字塔的上半部分。

3.4.2 收入动态模型建模

在上面的假设前提下，潜在购车人群数量是时间的函数，其变化过程如图3-5所示。从时间 t_1 到 t_2，菱形的人口金字塔在汽车收入线上的购车人群也增加到了 B_2。设 $g(I)$ 为描述人口收入结构的函数，表示对应收入 I 上的人口数量，则 B 对应图中阴影部分的面积。当人口收入结构为等边菱形，总人口为 P 时，我们计算得到：

$$M = \alpha B + C = \alpha \int_L^{I_m} g(I)\,\mathrm{d}I + C = \frac{\alpha \beta^2 P t^2}{2\sqrt{3}} + C \tag{3.3}$$

令：
$$k = \alpha \beta^2 P / 2\sqrt{3} \tag{3.4}$$

将 M 的表达式代入模型原型，化简后得：

$$\frac{dm}{dt} = r\left(1 - \frac{m}{M}\right)m = r\left(1 - \frac{m}{kt^2}\right)m \tag{3.5}$$

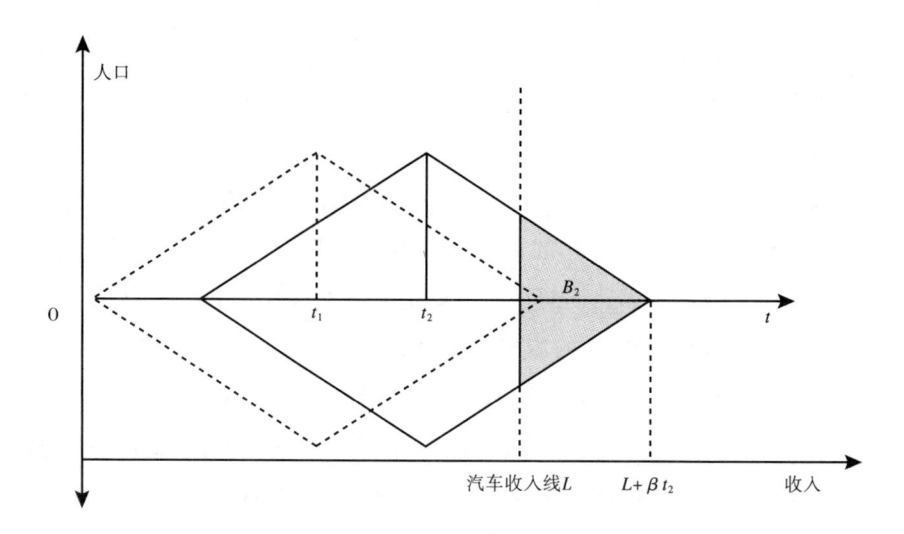

图 3-5　动态收入模型最大机动化水平随时间的变化

资料来源：笔者绘制。

尽管做了许多简化假设，没有考虑人口规模增长、消费结构变化等因素，但这个微分方程的解的形式仍然比较复杂。令 $m = \mathrm{Exp}(rt)/h(t)$，并进行替换，最后得到一个非闭解，有如下形式：

$$\frac{dh(t)}{dt} = \frac{r \cdot \mathrm{Exp}(rt)}{kt^2}$$

$$h(t) = \int \frac{r \cdot \mathrm{Exp}(rt)}{kt^2} dt = \frac{r[r \cdot \mathrm{Ei}(rt) - \mathrm{Exp}(rt)/t]}{k} + C \tag{3.6}$$

所以：

$$m(t) = \frac{\mathrm{Exp}(rt)}{h(t)} = \frac{k \cdot \mathrm{Exp}(rt)}{r[r \cdot \mathrm{Ei}(rt) - \frac{\mathrm{Exp}(rt)}{t}] + kC} \tag{3.7}$$

其中 $\mathrm{E_i}(x)$ 为指数积分（exponential integral），具有如下形式：

$$\mathrm{E_i}(x) = -\int_{-x}^{\infty} \frac{e^{-t}}{t} dt = \gamma + \ln x + \sum_{i=1}^{\infty} \frac{x^i}{i \cdot i}$$

其中 γ 为欧拉伽马常数（Euler gamma constant），在本书中取四位小数。

$$\gamma = \lim_{n \to \infty} \left[\left(\sum_{i=0}^{n} \frac{1}{i} \right) - \log(n) \right] = \int_{1}^{\infty} \left(\frac{1}{\lfloor x \rfloor} - \frac{1}{x} \right) dx \approx 0.5772$$

我们可以进一步求得 m 对 t 的导数，其形式较为复杂，其函数性质我们将在数值模型中进行讨论。

$$\frac{\mathrm{d}m}{\mathrm{d}t} = -\frac{kt\,\mathrm{Exp}(rt)[Ck + r^2\mathrm{Ei}(rt)]}{[Ckt + r(-\mathrm{Exp}(rt) + rt\mathrm{Ei}(rt))]^2} + \frac{k(1+rt)\mathrm{Exp}(rt)}{Ckt + r(-\mathrm{Exp}(rt) + rt\mathrm{Ei}(rt))}$$

(3.8)

3.4.3 参数提取与数值模拟

基于前文的分析，我们可以提取一些常数，对收入增长的动态 S 模型进行数值拟合。由于一些数值较难获取，更主要的是由于本书的数值模拟主要是为了说明近年来机动化的爆炸性，而不是精确的预测，因此我们对一些参数直接采用了经验值和近似值。

（1）α 值。从机动化已经趋于饱和的美国看，其 2001 年私人汽车拥有率为 800.4 辆/千人，这里我们简单地取 α 值为 0.8。实际上汽车使用水平要远低于这一数值，而汽车使用水平才对城市交通的参考性更高。

（2）β 值。在假设 3 中已经提及全国平均为 9%，实际上汽车价格的下降幅度也很大，但缺乏一个综合的刻画指标，因此本书采用这一数值。

（3）总人口 P 取值 10 亿人。

（4）以 1985 年全国私人载客汽车拥有量 2 万辆为模型的初始值。

（5）r 值。设固有增长率 r 为 0.35。

（6）C 值。将初始值代入（式3.7）可求得 C 值 7.0954×10^{-5}。

将以上数值代入模型（式3.7）进行模拟计算，可以得到以上条件下的机动化进程模拟，并进而计算增长率。由于计算过程及其函数形式较为复杂，这里仅给出机动化增长及其一阶导的图形特征。计算借助的计算机程序为 Mathematica 数学软件，计算中设的时间单位为年，将得到的结果与近 20 年来的机动化实际值相对比，实际情况是比较符合模型描述的。

在收入增长的动态模型下，机动化的爆炸性增长趋势得到了充分的体现，一阶导函数 dm/dt 随着时间迅速增加，导致了 m 对 t 的函数在初期增长缓慢，而在一定阶段出现剧烈的加速增长。当然，以上分析都是在收入金字塔的前半截，因此，一阶导的上升会在到达一个峰值后逐步下降，使得机动化轨迹大致仍然呈现 S 曲线规律。与前文提及的机动化水平预测相比，多数预测与实际值相比是偏低的，而这一模型对现实的预计不是偏低，而是略有偏高，说明这一模型修正弥补了原模型中的结构性偏差。

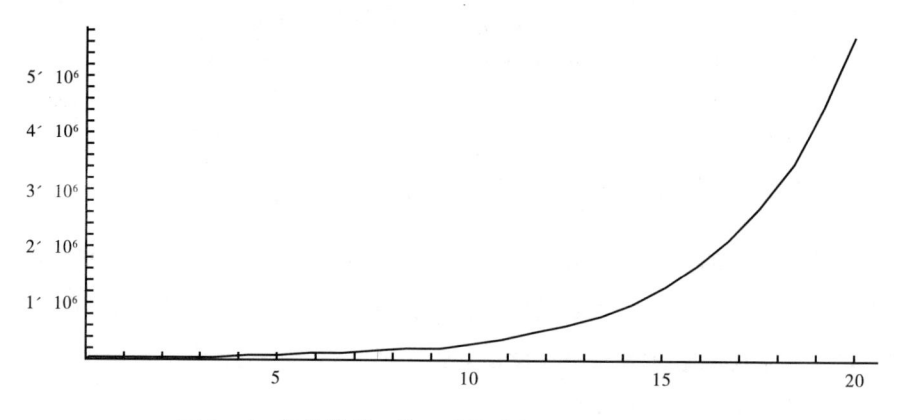

图 3-6 数值模拟：收入增长动态机动化模型一阶导

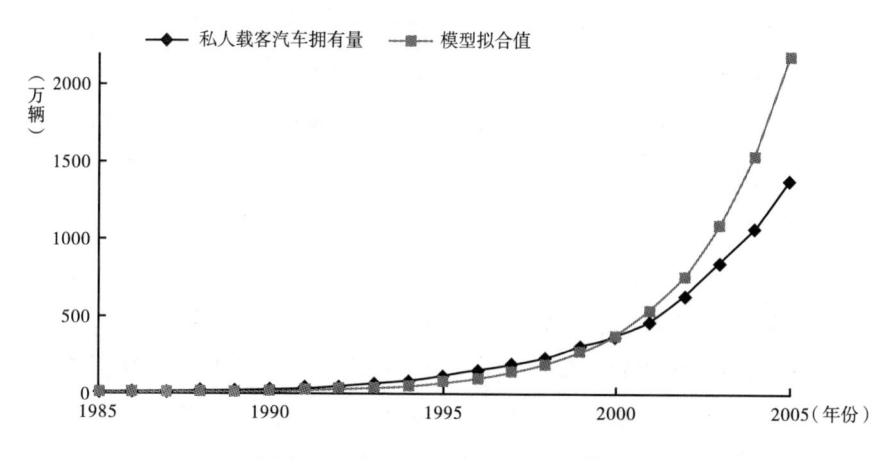

图 3-7 数值模拟：实际值与模拟值

3.4.4 进一步的讨论

模型拟合中，固有增长率参数的设定主观性较强，但模型仍然有较强的解释力。模型表明：随着收入增长，潜在购车人群不断增加，其中购车者占很大的比例，与实际机动车增长非常吻合，说明了机动车是以"满速度"在增加。如果机动化进程处于 S 曲线加速阶段的时候，居民收入也处于加速增长阶段，则二者共同的作用下是理论上加速度最大的机动化。很多多元回归研究认为，机动化与收入是最相关的，因此，这种最大加速度在现实的发展中，出现的机会就很大。而中国的经济发展速度、城市人口增长速度都极快，出现人类历史上最快的机动化速度也就不奇怪了。到目前为止，我国走的机动化道路与美国的道路非常类似（驱动机制也很类似，但不完全一致，尤其文化驱动），如果这种趋势不变，在一两代人的时间内，中国就会变成美国那样的机动化国家。

尽管本模型进一步考虑到了收入增长引起的最大机动化水平变化的情况，但模型的假设并不完全符合实际，缺陷也是明显的。实际上，对收入增长的假设也是苛刻的，居民收入结构实际上是变化的，各个阶层的收入增长速度也不可能完全一致。更重要的影响还在于人口规模和消费偏好的影响，但其情况比较复杂。比如城市规模扩大时，居住价格空间分布的变化会造成各收入人群的住宅空间选择和交通工具选择分化。如果住宅价格上升速度大于收入上升速度，一方面会引起居民可用于汽车购置的收入水平相对下降，另一方面也可能改变居民的消费偏好，促使居民选择较偏远却更便宜区位的住宅，并购置汽车来弥补远距离通勤的成本，从而出现汽车和住宅消费之间的代替。

尽管可以在城市经济学的框架下考虑这些因素，把2.2节中的微观层面的相关因素纳入模型，然而，模型的复杂程度将大大增加，目前还没有较好的模型可以直接应用。当然，单就机动化水平的预测而言，使用比较成熟的数学模型进行短期预测是比较准确的，但要进一步考察各个因素之间的相互作用，就需要对机动化进程做进一步的研究。

3.5 小结

机动化是一个世界性的趋势，从1970年以来26个主要国家的汽车和轿车拥有水平都提高了（Joyce Dargay，Dermot Gately，1999）。同样，未来中国的机动化将继续增长，其增长的需求动力来自财富和人口的增加、工业结构重构、技术创新和闲暇增长等因素。从本章的分析看，收入增长对机动化进程的作用是非线性的，在某些阶段可能导致机动化爆炸性增长。2000年以来对机动化的爆炸性认识的不足和预测的偏低，而城市交通政策的制定在这方面给予的重视不足，缺乏相关的应对措施，一定程度上导致了城市基础设施容量与机动车使用量之间不能匹配的被动局面，对城市交通和城市形态造成较大的冲击，导致社会财富的损失。

随着城市人口和人均出行均呈现继续增加的态势，小汽车作为一种机动灵活的交通工具，还有很大的发展空间，其增长速度将仍然很高。据最新的统计，机动化速度依然呈现越来越快的趋势。2006年1~7月北京新增机动车24万辆。在全市278万辆机动车中，私人机动车达到197万辆，占到总数的71%。据预测，至少有3亿左右的居民有能力购车，而从2005年到2010年，我国还将出现新的私人购车高峰（冯健，2004）。

需求面机动车的增长速度远远快于供给面道路建设的增长速度，给城市交通带来了沉重的压力。据北京市交管局统计，最近几年北京城市道路年增长速度约为5%，而机动车辆的年增长速度约为15%，车流量年增长速度更快，约为18%。北京交通基础设施的增长速度远远落在了车辆增长速度的后面，道路建设已不能满足日益增长的小汽车交通需求，使得道路交通负荷不断增大（蒋光胜、贺玉龙，等，2005）。交通拥堵虽然是很大的社会损失，但更长远的影响是对于城市结构及其背后的效率和可持续发展。从第四章开始，将深入讨论机动化对城市的影响。

第四章
机动化对城市规模和密度的影响

城市的空间规模和城市的密度直接反映了城市的承载力,因此也一直是政策制定者所关注的重要总量指标,许多政策制定者认为:紧凑的城市消费更少的土地;高密度更利于公共交通,而较少地依赖汽车也就较少地消费能源;其居民出行时间似乎也应该更短。本章将通过引入城市经济学的相关模型来分析以小汽车为代表的机动化对城市空间规模和人口密度的影响,通过数值模拟得到在一定条件下交通模式与城市发展之间的关系,作为后面政策分析的基础。

4.1 交通模式与城市规模的一般关系

4.1.1 交通模式进步与城市空间扩展

这一节说的城市规模,如果没有特别指出,指的是城市建成区规模,而不是城市人口规模。城市交通显然影响着城市的规模。交通技术的进步扩大了人活动的空间范围,从城市整体看就体现为城市空间的发散和扩大。西方学者通常将城市与交通的发展总结为四个阶段:步行-马车阶段(1800~1890)、电车阶段(1890~1920)、娱乐性小汽车阶段(1920~1945)和高速路阶段(1945~)。当然,实际城市的发展要复杂得多,可能出现蛙跳、回填、再集聚等多种发展形式,而不是图4-1所描述的一个空间连续、不断扩展的过程。

小汽车对城市规模的影响尤其大。小汽车交通推动城市空间拓展最典

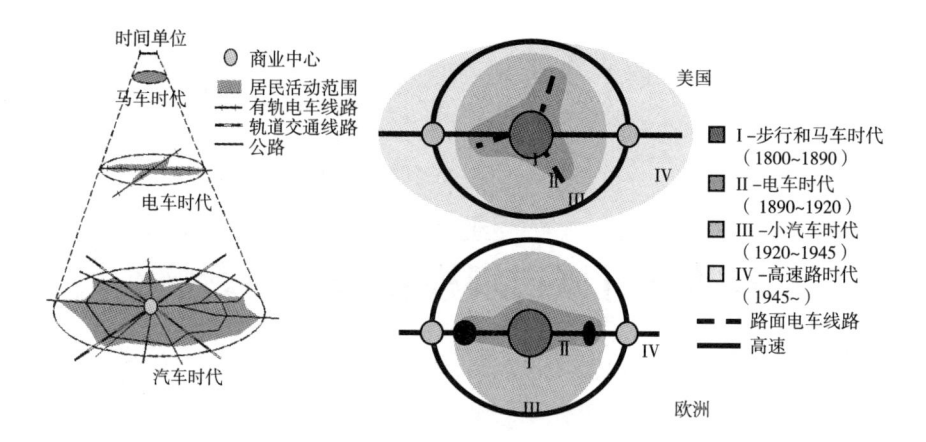

图 4-1 交通模式技术进步与城市空间扩展

资料来源：John S. Adams, Residential Structure of Midwestern Cities, Annals of the Association of American Geographers, 1970, 60, p.56。笔者有修改。

型的是美国，如洛杉矶、芝加哥等城市。在小汽车交通未发展前，芝加哥的城市面积从 10 平方公里扩展到 140 平方公里大约经历了 100 年的时间，而进入小汽车交通时代后，仅仅 10 年左右的时间就使城市面积扩大到 1400 平方公里，这充分反映出小汽车交通对城市空间大拓展的巨大能量（陆锡明、王祥，2001）。

从微观上看，小汽车增强了个人的机动力，使得住宅分布和开发能够以更低的密度和更大的规模进行，从而促进了城市规模的扩展。以美国的洛杉矶为例，1914 年以前，开发商一般不敢在离开路面电车线路 4 个街区的距离外建设；但是在 20 年代，由于福特汽车大规模生产使得汽车价格下降到普通家庭可以承受，汽车开始普及，于是开发商开始在轨道线路不能到达的空隙地带进行住房建设，一直扩展到离市中心 48 公里的地方（Peter Hall, 1998）。

城市交通技术的进步不但推动了城市空间扩展，往往还造成了城市密度的降低。这在小汽车普及的过程中表现得尤为突出。

在步行时代，由于城市公共设施和人们的移动能力都有限，人口不得不集聚在城市中心附近，居住密度较高。如 1801 年伦敦城市半径只有不到 5 公里，相应的交通方式大部分是步行，中心区密度超过每平方公里 1 万人；1860 年费城人口密度甚至高达每平方公里 3.64 万人。

公共马车大量出现后，城市的半径开始扩大，1887年伦敦的城市半径扩展到9公里左右，但城市大多数人的出行还是依靠步行，之后出现的城市客运铁路把人们的居住地延伸到离开市中心约20公里的地方，1921年伦敦城市半径达到约13公里（黄建中，2006）。进入20世纪，城市有轨电车（20世纪20年代），公共电汽车（20世纪20~30年代）相继出现并盛行，极大地促进了城市空间规模的扩展和城市人口密度的降低，如1905年的费城人口密度已经降到每平方公里1.29万人（陆化普、黄海军，2007）。

到20世纪50年代私人小汽车开始普及，依托小汽车的郊区化过程使得城市人口快速增长，而城市用地规模的增加速度则更快，城市密度显著下降。正如第二章所总结的，高小汽车依赖性与低城市密度之间，存在一定的统计关系，说明小汽车与城市的低密度发展是一种世界性的趋势。以伦敦为例，汽车时代伦敦的密度显著降低。1961年普查表明，大伦敦（Greater London Conurbation）辖区的722平方英里范围内每平方公里还不到5000人（Peter Hall，1955）。

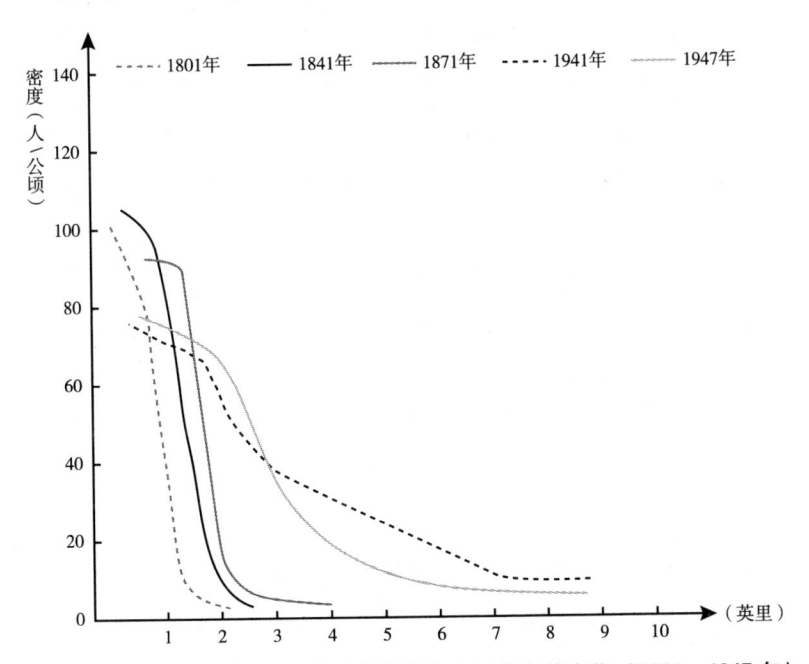

图4-2　交通模式进步与伦敦空间规模和人口密度的变化（1801~1947年）

资料来源：黄建中：《特大城市用地发展与客运交通模式》，中国建筑工业出版社，2006，第82页。

4.1.2 交通模式对城市规模的影响机制

4.1.2.1 出行时间与速度

交通模式对城市规模主要是通过出行时间和速度来影响的。出行时间的常数性质很早就被注意到了。

早在20世纪70年代就有研究者（Zahavi，1976）观察到了城市居民日常出行时间基本恒定这一现象，并提出：出行时间预算（TravelTime Budget）趋于常数，各个城市居民的上班出行时间统计上显著地相近。

在理论上，时间预算理论认为人们花在上班出行的时间趋于常数，通常不超过30分钟。这大致，是由人们每天的时间约束所决定的。对于其中的细微分析，已经有一些经济学家通过城市经济学模型给予了更详细的解释（D. Pitfield，2001；Jos Van Ommeren and Piet Rietveld，2005）。

这一观点后来得到大量实证研究的支持。80年代美国普查数据的实证研究表明，尽管交通拥堵日益严重，但居民通勤时间变化却很小的现象，这也是"通勤悖论"（The Commuting Paradox）最初的来源（Peter Gordon，Harry W. Richardson，etc，1991）。肯沃斯等对世界46个城市的比较研究再次支持这一结论，各个城市上班出行时间都在30分钟左右。肯沃斯等的研究还指出，英国过去6个世纪都保持在30分钟这个水平上（Kenworthy J. R. and Felix B. Laube，1999）。显然，同样的出行时间，高速度允许更长的出行距离，但无论如何，住职分离是受到距离或时间限制的。世界范围更多城市的居民上下班平均出行时间对比见图4-3，其中仅有三个城市的时间大于1个小时，而且这三个城市都是具有较高机动化水平（与其他发展中国家的城市相比）的发展中国家城市。

国内在2005年对这一研究领域就进行了引入和介绍（IragaělJOLY、DominiqueBOUF，etc，2005）。实证研究表明，这一规律在国内也基本成立。比如，上海的交通调查显示（许寒斌、张振梁，2006）：42.2%的受访者选择了20~30分钟作为最能接受的单程上下班时间花费，并且其他时间花费以20~30分钟时间段为中轴呈正态分布。20.1%的受访者心目中的时间距离为 30~45 分钟。略高于接受 10~20 分钟内时间花费的受访者（15.3%）。而上下班花费时间超过 1 小时已经基本不能被人们所接受了，只有 5.6% 的受访者选择。

从这一居民出行的微观机理看，城市形态受到了上班出行时间的约束，住职分离的距离限制无疑影响着城市的规模和结构。随着交通技术的进步和交通模式速度的提高，出行时间趋于常数时交通工具速度的提高和运输组织方式的优化增加了出行距离，使得出行距离的增加几乎是一个世界性的规律。小汽车出现之后，这一现象更加明显。这推动了居住地点和工作地点不断分离，使得传统上紧凑的城市变得更为分散，使得同样的城市结构下更大的城市规模成为可能。以英国为例，出行距离总量增长的主要来源是小汽车出行距离的增长。在小汽车化的高峰年代，由于一些交通模式的出行距离在减小，甚至还出现了小汽车出行距离的增速快于出行总距离的增速。这充分说明英国出行距离增长的根源是小汽车。由于 1960 年以来英国人口相对变动不大，可以进一步认为小汽车出行距离增长的主要原因是人均出行距离的增长。

表 4-1　英国出行距离的增加（1960~2000 年）

交通模式	1960~1970 年	1970~1980 年	1980~1990 年	1990~2000 年
公共汽车（含长途）(%)	-19	-8	-6	-1
自行车(%)	-8	1	0	-1
轨道交通(%)	-4	-1	+6	+5
小汽车、出租车、货车和摩托车(%)	+151	+95	+197	+33
总计(%)	+120	+87	+197	+36
小汽车增长占总计增长的百分比(%)	125.83	109.20	100.00	91.67
年人均出行距离的增长(%)	32.98	6.67	30.00	4.81

说明：单位为十亿人公里。+ 表示增长，- 表示减少。

资料来源：David Banister, *Transport Planning 2nd*, New York; London: Spon Press, 2002, p.2.

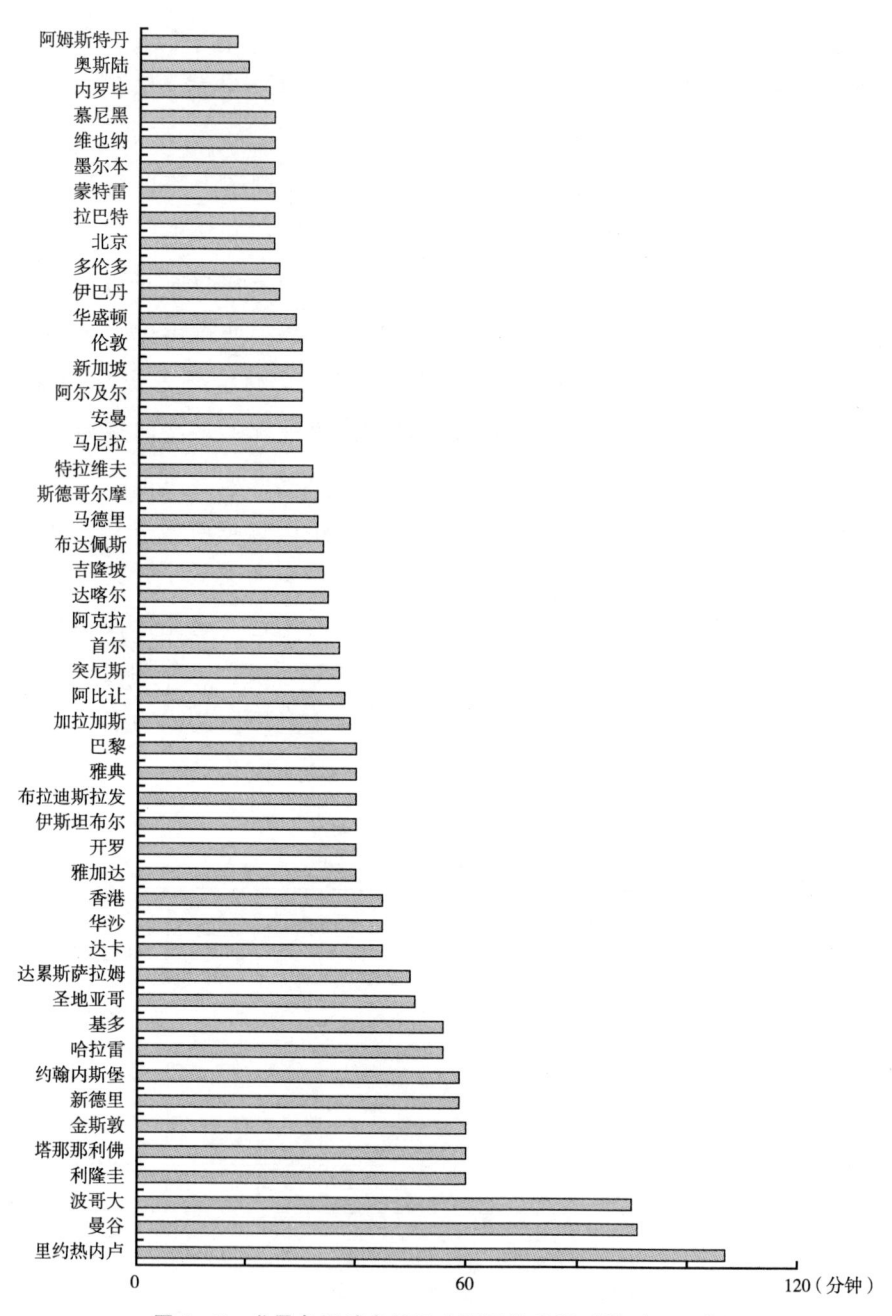

图 4-3 世界各国城市居民上班平均出行时间（1990年）

资料来源：United Nations Habitat, New York, 1993. Ralph Gakenheimer, *Urban mobility in the developing world*, Transportation Research Part A: Policy and Practice, 1999, 33 (7-8), pp. 671-689。

4.1.2.2 城市规模与交通拥堵

城市交通拥堵与城市规模也是密切相关的，一般而言，城市规模越大所面临的交通拥堵问题越严重。比如，美国大城市的交通拥堵比小城市要严重得多，如图 4-4 所示，特大城市居民的平均出行延误小时数大约是小城市的 5 倍。

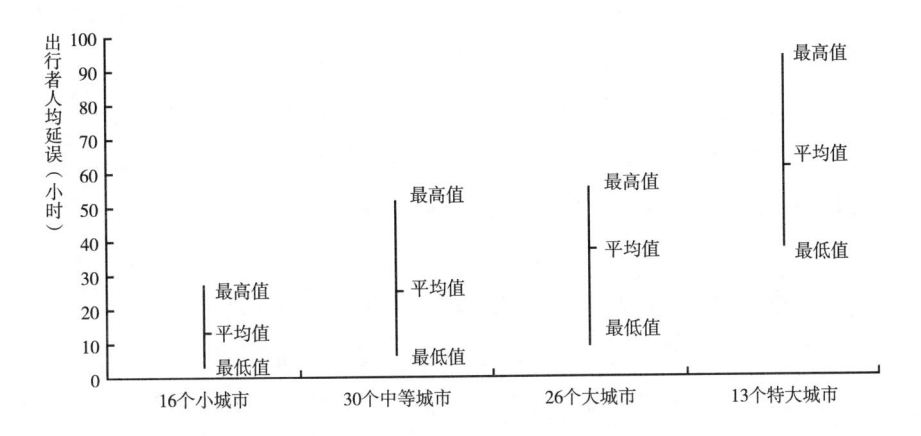

图 4-4 城市人口规模与交通拥堵（2003 年，美国）

说明：特大城市指人口规模 300 万以上的城市，其 2003 年人均延误至少为 38 小时；大城市指人口规模 100 万~300 万的城市，其年人均延误至少为 10 小时，平均为 37 小时；中等城市指人口规模在 50 万~100 万之间的城市，延误至少为 7 小时，平均约 20~30 小时；小城市指人口规模小于 50 万的城市，延误平均最多 25 小时。

资料来源：Schrank, D., and Lomax, T., 2005, *The 2005 Urban Mobility Report*, Texas Transportant Institute, p.33。

一个简单的模型就能较好地解释这一现象的成因。假设存在甲、乙两个人口规模不同（甲的规模比乙大一倍），但人口密度和城市空间结构相同的城市，空间结构相同是指均为圆形单中心，道路结构均为放射道路构架，且放射路的条数相等。根据假设，由于甲的人口和空间规模均比乙大一倍，可以计算得到，甲的居民到市中心的平均距离是乙的 1.41 倍。如果甲、乙的家庭结构也类似，则甲的就业也比乙要多一倍，如果职工居住地均匀分布，则可以计算得到甲的交通量是乙的 2.82 倍，从放射路进入市中心的交通量将是乙的 200%。以此计算，东京人口与市中心工作岗位虽为哥得堡的 40 倍，面积仅为 13 倍，但其上下班通勤的人-公里数为哥得堡的 150 倍（J.M. 汤姆逊，1982）。

显然，城市用地面积的增长会带来更快速率的交通流量（人-公里）增长，为满足这一交通需求的交通建设造价也会急剧增长。也就是说，道路建设速度应该较大地快于城市规模增长。而这一点在实际的建设中是难以实现的，因此大城市的交通拥堵往往要比小城市严重。

这一规律对中国的城市也具有很强的解释力。如果进一步考察我国近年来城市交通模式变化和对应城市交通基础设施供给，那么就不难理解我国近年来不断恶化的交通拥堵。

从我国的情况看，城市化滞后于经济发展，城市交通建设滞后于城市发展。城市规模扩大和经济发展引起的交通量增加速度远远快于城市规模扩大和经济发展的速度。这种速度的不匹配使得城市交通问题迅速恶化并凸显出来。由于大城市规模更大，城市交通量也更大，城市交通建设滞后造成的交通问题也更加严重，因此这种情况在大城市体现得更加突出。

虽然关于城市交通量的公开数据并不多见，但北京市 2005 年的全市第三次交通综合调查提供了一个较好的例子。因此，这里以北京作为城市的具体案例来说明这一现象。

北京市该次交通调查的范围主要是六环路以内。根据调查结果，北京市城市规模不断扩大，交通需求持续增加。与 2000 年相比，出行总人次达到 2920 万人次/日，出行距离由 8.0 公里/次增加到 9.3 公里/次，分别增长 26.90% 和 16.25%，则可以推算交通流量增长达 47.5%。北京市四环（按周长 65 公里的圆形计算，其半径约 4.54 公里）全线开通时间为 2001 年，五环（按周长 100 公里的圆形计算，半径约 5.64 公里，比四环增长 10%）开通于 2003 年，六环（按周长 190 公里的圆形计算，半径 7.78 公里，增长 71%）开通时间为 2005 年，四环到五环的增长基本反映了北京主城区的扩展，也即半径增长了约 10%，交通量增长了约 48%。这反映出北京交通量的增长快于城市规模的增长。

4.1.3　中国机动化与城市建成区扩展关系的初步甄别

4.1.3.1　全国层次的分析

从前面的论述可知，交通模式是影响城市空间规模的重要因素之一，在技术决定论看来，甚至是根本性的推动力。显然，交通模式的变化对城市交通和城市发展有着重要的影响,从这一角度看可以很大程度上解释近年来中国各个城市,尤其是大城市所出现的交通问题。

1995年以前,我国城市交通的发展中,城市道路与城市公共汽车供给增长速度还略快于城市建成区增长速度,因此城市交通问题还不突出。但1996~2005年,尤其是2000年之后,城市建成区增长速度完全赶上甚至超过了城市道路与城市公共汽车供给的增长速度。这种情况还伴随着城市郊区化的加速进行。在这一时期,商品住宅实际销售面积与私人载客汽车的增速远远高于城市道路和公共汽车增速。这意味着,随着城市规模的扩大,城市交通需求急剧增加,但公共部门并没有及时提供足够的供给。另一方面,私人部门(收入较高的阶层)通过购买住宅和私家车来解决城市交通的供给不足,私人部门自己提供了对应的供给来满足增长的交通需求。

1996~2005年,我国商品住宅与私人客车的平均增速分别为22.6%和28.4%,分别反映了较快的居住郊区化和社会机动化;而城市道路平均增速6.6%,略高于建成区的平均增速5.4%,略低于城市公共汽车的平均增速8.6%,从2001年到2005年,三者分别为8.4%、7.2%和6.8%,建成区增速甚至快于公共汽车供给增速,而道路增速仍然略高于建成区增速,在私人客车30%左右增速的情况下,新增的道路建设很大程度上为私人汽车占用,极有可能是作为滞后的城市公共交通供给的一种被动应对——当然,按照国外经验而言,很可能是快速的机动化压制了公共交通的发展,但考虑到国内公共交通投入的主导因素来自政府决策,而非市场平衡,故快速机动化更主要的是作为被动选择出现。

4.1.3.2 案例分析:以北京为例

国内对城市建成区面积和机动化之间关系的统计分析还较少,而且局限在线性回归。比如李雪铭、杜晶玉(2007)采用了多元回归的统计方法分析了大连私家车对城市空间规模的影响,认为1990~2004年大连城市居住空间扩展的影响因子中,私家车的平均贡献率达到2.14%,而且在距市中心5公里之外,私家车的作用最为突出。其分析采用了逐步回归法进行多变量的甄别,但缺陷是明显的。因变量的选择仅仅依赖统计技术进行筛选,最后得到的有解释力的其他变量却很难给予阐述,如果进一步

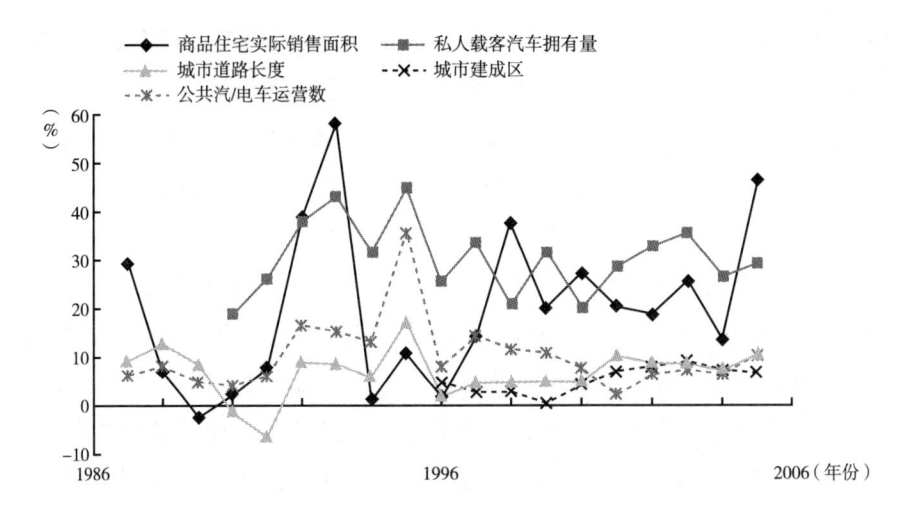

图 4-5　滞后于住宅建设和机动化的城市道路和公共交通（1987~2005 年）

资料来源：根据国家统计局历年《中国统计年鉴》整理，增速计算为：（当年/上一年-1）×100%。从图可见，1996 年之后，居住空间增长和私人机动化增长明显快于城市建成区面积和道路增长，更快于公共交通供给增长。

采用技术手段来考察统计上的函数形式、多重共线性、时间或收入的伪回归（Spurious Regression），这些变量可能会被剔除。但无论如何，其定量分析得出的结论具有一定的说服力。

这方面的研究受到数据的限制较大。由于反映城市空间规模的建成区数据并不容易获取，更重要的是数据不能反映理论上的建成区面积，其可靠性较差，统计数据与遥感解译数据差异较大。本书选择北京作为案例城市，来分析机动化与城市规模之间的关系。其中，建成区数据在《北京统计年鉴》与《中国城市建设统计年报》比较一致，而牟凤云等（牟凤云、张增祥等，2007）的遥感解译数据则与之相差较大，但这些数据都不完整。本书认为遥感解译数据更能反映真实的城市空间扩展，因此采用后者的数据，在插值的基础上建立了统计样本。

从北京市机动车总量对建成区总量的时序散点图（图 4-6）可见，二者呈较好的凹函数关系。这说明建成区面积的增加带来的机动化总量的增加，是随着建成区规模的增大而迅速增大的。特别是 2003 年之后，机动车增加速度开始明显超过建成区面积的增加。进一步，对北京市建成区面积（b）和机动车拥有量（m）进行二次函数（Quadratic Model）回归拟合，样本容纳为

12，得到的拟合方程如下，拟合效果较好，其 R 平方值高达 0.982。

$$m = 19.066 - 6.488 \times 10^{-2} b + 1.836 \times 10^{-4} b^2$$

很高的 R^2 值说明了机动化对建成区扩展有较强的解释力。而二次函数的回归方程式则说明：这种影响在统计上就很可能是非线性的，在城市化和机动化的不同阶段，影响的力度不一样。这也说明了，通过简单的线性回归也能反映建成区面积和机动化之间统计上简单关系，但很可能是一种谬误回归。

当然，这里的局限性也较大，由于数据的局限，机动化与建成区统计关系的分析还处于发展阶段，进一步的结论还需要更多的统计分析，而且统计分析难以说明二者之间的互动关系。但已有的研究表明，二者之间存在较强的统计关系，近期建成区的扩张是受到机动化支撑的，而且反过来

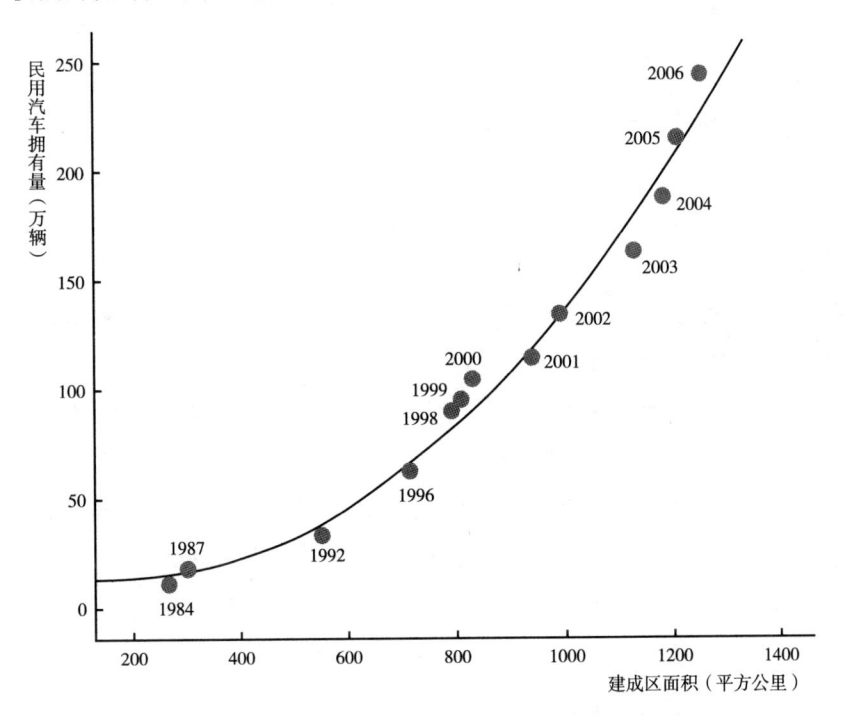

图 4-6　北京市建成区规模与机动化规模（1984~2006 年）

资料来源：建成区面积指北京市域建成区面积，主要来源于牟凤云（2007）的遥感解译数据，其中 2006 年数据来源于建设部综合财务司 2007 年 6 月的《2006 年城市、县城和村镇建设统计年报（分省初步数据）》（未公开发行）；民用汽车拥有量来自历年《中国统计年鉴》。图中的趋势线为二次多项式回归拟合。

也推动了机动化进程。

关于城市密度和城市交通设施之间的统计分析也不多，同样也受到了数据的限制。如陈海燕等（陈海燕，贾倍思，2006）在这方面研究所采用的建成区人口密度数据就是值得怀疑的。一方面，建成区面积本身存在较大的争议；另一方面，更重要的是，中国统计资料上的市区人口不等于建成区人口，市区非农业人口与建成区面积的比值并不等于建成区人口密度，理论上与统计上的含义差异较大。

统计分析在一定程度上反映了城市交通对城市规模的冲击，但由于城市规模是多种因素共同作用的结果，因此统计分析并不能精确反映其中的机制。加上数据的制约，下面将借助理论和模型分析，在设定一定可控制的外生变量的基础上，考察中国城市的规模、密度和机动车之间的互动关系。

4.2 单交通模式下的城市空间规模及其密度

城市交通中私人机动车和公共交通在城市规模扩张中的影响强度并不一致，二者之间也存在较强的相互影响。因此，在研究同时考察私人部门和公共部门的交通模式是非常有意义的。本章模型分析中，前者指私人小汽车，后者指公共汽车。

这一部分模型分析基础是城市经济学经典的阿朗索模型（详见第二章），其模型思想可以追溯到杜能的经典农业地租模型，关于这一点的论述在很多著作中都有提及，对传统区位理论模型发展较为全面的总结可以参见藤田昌九的著作（藤田昌九，保罗·克鲁格曼，2005），这里不再赘述。值得一提的是，城市经济学模型的核心仍然是阿朗索模型的竞租函数分析，但这里更关注交通模式在模型中的作用，尤其关注小汽车这种交通模式对城市结构的影响。

本节与下一节将以米尔斯（Edwin S. Mills，1972）和哈林（Joseph E. Haring, etc, 1976）的模型为基础进行模型拟合和政策讨论。这些模型的基础都是阿朗索模型，但米尔斯的贡献是开创性的，他首先在模型中引入了交通拥挤方程，使城市经济学模型可以用于城市交通分析。这里首先引入米尔斯的模型，其模型的交通模式仍然是单一的，根据中国特定的国情进行模型模拟分析；然后在下一节扩展模型为两种交通模式，再进行拟合分析。

4.2.1 模型方法

4.2.1.1 模型方法的作用

在这之前，这里对模型分析的方法将做一个简单的说明，因为许多人对模型都有一个疑问：这个模型有价值吗？存在一个误区是，自然科学的研究才看重从模型到实践的过程，而社会科学的研究则不是，因此也一直存在对模型方法的反思（R.J.约翰斯顿，2001）。其实即使在自然科学的发展中，先理论再实践和先实践再理论，这两种过程都是大量存在的。比如飞机和轮船的发明显然先于空气动力学和流体力学。同样，对于人文社会学的研究，模型在以下两个方面是显然有特别的意义：①通过模型和数理结构把我们的认识结构化和逻辑化，②通过定量分析提高我们认识的精度。

另外，从"实用性"看，尽管许多模型的结论可能是"想当然的"，但正如 Perkin 在 2001 年厦门的"中国城市化"大会上所说，他提醒接受西方训练的中国的经济学家，如果要更强烈地影响读者和政策制定，他们需要高超地使用模型工具，并且直观地理解其模型的含义以及读者能从他们的研究得到什么（Aimin Chen，2002）。实际上，这也是西方经济学发展并实践的主要趋势，模型化和计量化使得西方经济学在西方发达国家经济政策制定中有了更强的影响力。

4.2.1.2 模型的现实基础

这里引入的城市经济学模型有着坚实的现实基础，其反映的是现实中居民在住房成本与通勤成本之间的平衡。这种现象，在国外和中国都是典型存在的。从国外的情况看，郊区与市区的房价差别巨大，是人们居住区位选择的重要因素。1909 年芝加哥市区与郊区房子价格的差异大，为 25000 美元对 7000 美元，相差约 3.6 倍。即使不考虑居住环境，在这样的价格差异下，只要有合适的通勤工具，居民愿意居住在郊区。这就不难理解小汽车出现后迅速普及的现象了（James J. Flink，1970）。随着我国住宅市场的商品化，市场规律在城市发展中的作用越来越强烈，住房价格随着到就业中心的距离衰减规律越来越明显。如图4-7所示，从2005年北京住宅价格的空间分布看，呈现典型的单中心结构，且到城市中心距离衰减明显，中心区与边缘区已经相差5倍以上。因此，在西方城市发展中总结出来的住房-交通的交换规律，对于越来越市场化的中国城市也具有——甚至可能更具有解释力。

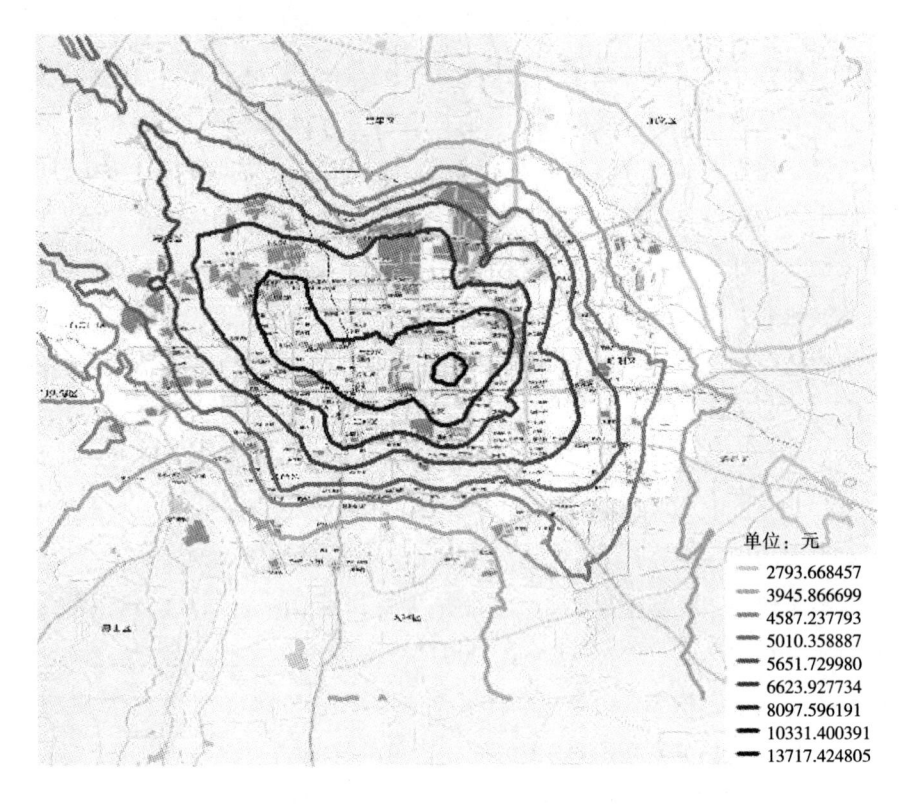

图4-7　北京普通住宅价格与区位的关系（2005年4月）

4.2.2　模型构建与数值分析求解方法

前面已经回顾了城市经济学框架下的分析模型。这一研究方法因为数学模型的应用而更具有理论的凝练性和框架基础。阿朗索模型的比较静态分析已经证明，交通成本的变化会显著改变区位选择，进而改变城市的空间规模。但阿朗索对交通的关注很小，米尔斯扩展了模型，加入了交通拥堵因素（Alex Anas，2001）。

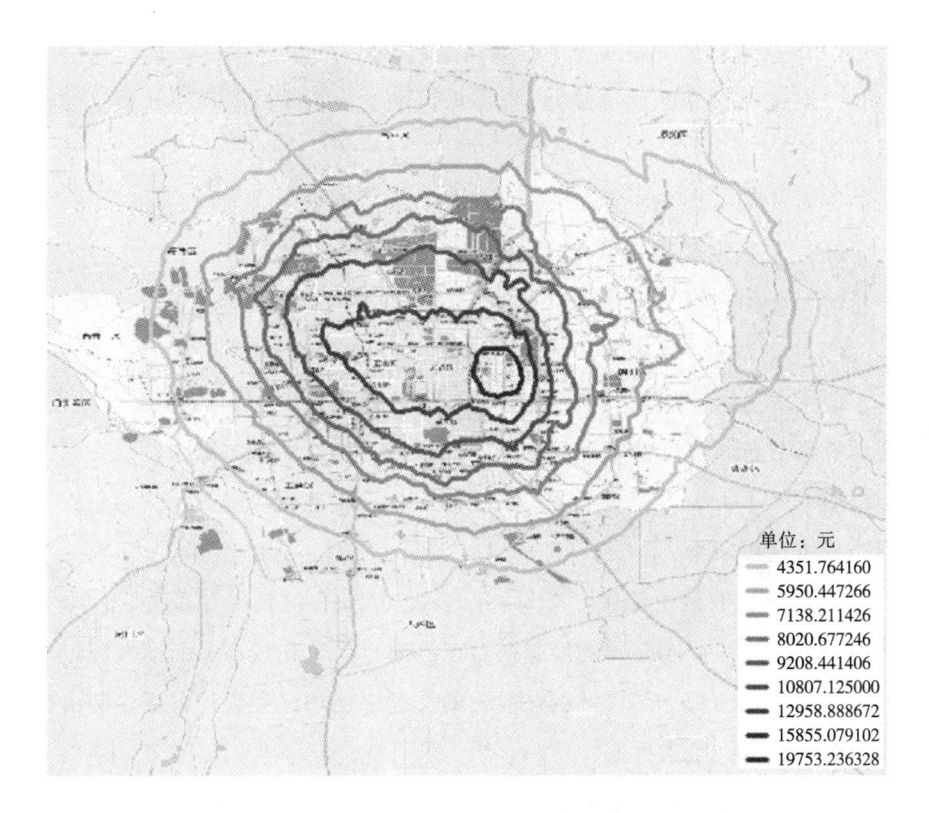

图 4-8　北京公寓价格与区位的关系（2005 年 4 月）

单位：元
- 4351.764160
- 5950.447266
- 7138.211426
- 8020.677246
- 9208.441406
- 10807.125000
- 12958.888672
- 15855.079102
- 19753.236328

资料来源：程昌秀，国家自然科学基金"城市公共交通与城市空间结构"（基金号：40271039）的研究工作文稿，经作者同意引用。房地产价格数据来源于 sina 网站，并以 sofang，housefocus 等网站的数据修正和补充不全及错误信息，最终有效记录共 683 条，数据采集日期为 2005 年 4 月 16 日，价格单位：元。与图 4-7 来源同。

无论阿朗索还是米尔斯，在构建模型的时候，实际上是以美国的城市为对象，因此其交通模式实际上是假设的为小汽车——虽然其模型中对交通的解释可以更广泛地理解为交通成本。因此，对他们模型实证结论支持最强的是美国的案例，其模型揭示的许多方面与美国城市的发展是吻合的。其结论并不能直接应用到中国的机动化和城市发展。本节将从理论构建出发，通过一定条件的参数模拟，得到对应情况下快速机动化对中国城市规模增长的冲击，并据此进一步分析对应措施。这里先约定模型的变量如下：

（1）家庭到单中心城市中心的距离为 u；

(2) 家庭总工资收入为 W，效用函数 V；

(3) 家庭消费的住房量为 h，工作通勤支出为 T，消费的其他复合商品数量为 z；

(4) 距离 u 上的土地租金为 $R(u)$，住房价格为 $p(u)$；

(5) 住宅生产需要投入的土地和资金分别为 L 和 K；

(6) 城市的总人口为 N，距离 u 上的人口数为 $N(u)$（人口梯度）；

(7) 边界约束：城市边界 u_A 上的地租为农业地租 R_A。

地租 $R(u)$ 是模型的关键变量，一旦确定，就可以确定人口区位、交通价格分布和密度梯度等变量。因此，模型构建的基本思路就是在阿朗索模型框架下，引入拥堵描述，最终以地租来表述其他变量，从而完成模型。具体过程如下：

(1) 家庭的效用函数定义为：$V = z^\alpha$，其对应的预算约束为：$y = z + h(u)R(u) +$，Alonso 的静态模型正是通过最大化效用 V 而解得区位均衡条件和竞租函数。具体过程在前文的文献综述中已经表述过了，即由拉格朗日函数的一阶条件 $\mathcal{L} = V(z, h, u) - \lambda [z + p(u)h + T(u) -]$ 可以推导出城市的区位均衡条件：$p'(u)h(u) + T'(u) = 0$。在米尔斯住房模型中，将土地消费面积定义为住房量 X_2，地租则对应为住房价格 p_2，交通成本对距离的一阶导表示为交通价格 p_3。则区位均衡条件可以重新写为：

$$p'_2(u)x_{2D}(u) + p_3(u) = 0 \qquad (4.1)$$

(2) 在住房消费市场均衡的条件下有：

$$X_{2D}(u) = X_2 \qquad (4.2)$$

(3) 米尔斯进一步考察了住房生产市场，通过引入了房地产生产商的住宅生产函数将土地供应与住宅量联系起来。住宅的生产函数形式采用柯布-道格拉斯生产函数，其中 L 和 K 的指数分别为 a_2 和 $(1-a_2)$，其和为1，即采用了规模报酬不变的形式。这里假设资金与劳动力成比例投入，因此在资金 K 中包含劳动力工资，而没有把劳动力，作为一项单独的投入。则开发商的住宅生产函数表述为：

$$X_{2S}(u) = A_2 L_2(u)^{a_2} K_2(u) \quad (4.3)$$

若住宅房地产开发商处于一个完全竞争的市场条件，则在市场均衡时生产者的利润最大化函数可以表述为：

$$\text{Max } Profit = \text{Max}[p_2 X_{2S}(u) - R(u)L_2(U) - rK_1] \quad (4.4)$$

将生产函数代入利润最大化函数可以求得最大利润化时各个生产要素的价格。这可以通过令利润函数的一阶导为零而容易求得。实际上，微观经济学告诉我们，生产市场均衡条件下每种投入的边际产出等于其市场价格：

$$R(u) = \frac{a_2 p_2 X_{2S}(u)}{L_2(u)} \quad (4.5)$$

和

$$r = \frac{(1-a_2)p_2 X_{2S}(u)}{K_2(u)} \quad (4.6)$$

将以上两式分别转化为 $L_2(u)$ 和 $K_2(u)$ 的表达式并代入柯布－道格拉斯形式的住房生产函数，即得到距离 u 上的住房价格的地租表达式，进一步可以得到价格一阶导的地租表达式，其中 C 为常量：

$$p_2(u) = \frac{r^{1-a_2}R(u)^{a}}{A_2 a_2^{a_2}(1-a_2)^{1-a_2}} = CR(u)^{a_2} \quad (4.7)$$

$$p'_2(u) = a_2 CR(u)^{a_2-1} R'(u) \quad (4.8)$$

将这两项代入区位均衡条件就可以得到以地租形式表达的区位均衡条件。

（4）下面将用地租来表达距离 u 处的城市人口，首先仍然利用生产函数均衡条件得到：

$$\frac{R(u)}{r} = \frac{a_2 K_2(u)}{(1-a_2)L_2(u)} \quad (4.9)$$

从而得到 $K_2(u)$ 的表达式并代入住房生产函数，得到关于用 R 和 L_2 表达的 X_{2S} 的表达式，显然个体住房需求量与该距离上人口的乘积就是该距离上住房消费总量：

$$X_{2D}(u) = x_{2D}(u)N(u) \qquad (4.10)$$

而单个家庭在距离 u 处的住房需求可表述为：

$$x_{2D}(u) = B_2 p_2(u)^{\theta_2} W^{\theta_1}$$

其中 θ_1 和 θ_2 分别为收入和价格的需求弹性，B_2 为规模系数。进一步，X_2 可由住房市场均衡条件（4.2）和代入（4.5）和（4.6）之后的住房生产函数（4.3）得到。将 x_2 和 X_2 的表达式代入（4.10），并代入住宅价格的表达式（4.7），可以得到 $N(u)$ 的表达式如下：

$$N(u) = G^{-1}R(U)^{-\alpha}L_2(u) = G^{-1}[\phi u - L_3(u)]R(u)^{-\alpha} \qquad (4.11)$$

其中常量 G 和 α 分别为：

$$G = A_2^{-1}\left(\frac{1-a_2}{a_2 r}\right)^{-(1-a_2)} B_2 C^{\theta_2} W^{\theta_1}$$

$$\alpha = a_2(1-\theta_2) - 1$$

上面关于 $N(u)$ 的表达式还假设了城市土地供给由交通用地和住宅用地构成，若 ϕ 为城市的弧度，有：

$$\phi u = L_2(u) + L_3(U)$$

其中，$0 \leq \varphi \leq 2\pi$，当 ϕ 等于 2π 是一个圆形的单中心城市。

（5）米尔斯的一个重要贡献在于考虑了城市交通拥堵，他引入了城市交通中常用的关于拥堵的表述，该表述由 Vickery 在 20 世纪 60 年代提出并得到了大量的应用。① 由此，交通价格可以进一步表述为：

$$P_3(u) = \overline{P}_3 + \rho_1\left[\frac{X_{3D}(u)}{X}\right]^{\rho_2} \qquad (4.12)$$

其中，下标 3 表示的参数对应着交通部门，横线上标表示外生变量。

---

① Vickery 的表述是关于拥堵时间的，一般写为：

$$t_i = t_{i0}\left[1 + \rho_1\left(\frac{T_i}{K_i}\right)^{\rho_2}\right]$$

在这一表述中，t_i 为通过道路 i 需要的时间，其中 t_{i0} 是无拥堵情况下需要的时间，K 为道路的容量，T 为通过的车辆数量。ρ_1、ρ_2 为常数。由于交通时间与交通价格之间的正比关系，不难理解 Mill 的模型将时间转换为其关注的价格。

P_3 为考虑了交通拥堵的交通价格,为交通无拥堵条件下的支付成本(out-of-pocket cost),即出行者以现金形式支付的交通价格,X_D 为交通需求量,X_S 为交通供给量,二者的比值反映了交通拥堵程度的基本情况。常数 ρ_1、ρ_2 分别体现了拥堵的时间价值和拥堵对出行时间的指数效应。其中,ρ_2 意味着交通需求大于交通供给造成的拥堵会使得拥堵时间呈指数增长,因此其取值大于 1,在较早的文献中(多是基于欧美 20 世纪 60 年代情况的实证研究),一个常用的值是 4 或者更高。

关于交通供给的函数。交通供给与交通用地的土地面积成正比,同样不存在规模效应,也就是说,交通供给与交通用地为简单的比例关系,这里定义其系数为常数 A_3。

$$X_{3S}(u) = A_3 L_3(u) \tag{4.13}$$

关于交通需求的函数。根据单中心模型的通勤模式,向 CBD 的上班出行是交通需求的唯一来源。因此,在距离 u 处的交通需求来于距离 u 到城市边界 u_A 的通勤人口,即距离 u 上的交通需求等于 u 到城市边界之间的区域的工作人口总和。

$$X_{3D}(u) = \int^{U_A} N(x) \mathrm{d}x \tag{4.14}$$

将交通部门的表达式代入区位均衡条件,得到新的区位均衡表达式:

$$DR(u)^a R'(u) + \overline{P}_3 + \rho_1 \left[\frac{N - \int_\theta^u G^{-1}[\emptyset x - L_3(x)] R(x)^{-a} \mathrm{d}x}{} \right]^{\rho_2} = 0 \tag{4.15}$$

至此,模型的构建完成。

上述模型的求解需要用到数值分析技术,主要的算法米尔斯在研究中已经给出,但并未给出具体的计算程序,本书在 Matlab 软件包中编程完成了计算(Gerald Recktenwald,2004),具体步骤如下:

第一步:猜测一个 CBD 边界的地租值,进而求得该处的人口 $N(e)$。

第二步:由于此时所有人口均通过 e,交通需求为 N,由此可以计算边界处的地租一阶导,并通过显式欧拉法解得一个步长 h 之后($u = e + h$)处的地租,以及人口 $N(e+h)$。知道了 $N(e)$ 和 $N(e+h)$,通过梯形近似可以得到距离 e 到 $(e+h)$ 的人口,代入区位均衡条件,得到地租的一阶导。

重复上述两步，直到地租低于农业地租，且人口超过总人口设定值 N，否则调节初始猜测值，直到满足条件。

4.2.3 参数的分析与设定

在米尔斯的研究中，对参数的设定主要是针对美国 20 世纪 60 年代的情况，这一背景设定显然与中国这种发展中国家城市的实际相去甚远，尤其是在收入水平和城市交通基础设施建设水平上。而从后面的敏感性研究或者从米尔斯的敏感性研究（见本章附录）可知，工资水平和基础设施水平（道路占地比例）对模型结果的影响较大，这说明参照发达国家城市具体情况设定参数得到的模型结果不一定适用于发展中国家的城市，有必要根据中国的实际情况调整参数重新计算模型，使之更适用于中国这种工资水平较发达国家更低、耕地更宝贵和交通建设相对滞后的发展中城市。

米尔斯在模型中针对美国的工资水平设定参数为日工资 25 美元，这是针对美国 60 年代设定的值，到现在仍然远高于中国目前的工资水平，不符合国内的实际情况，需要进行重新设定。根据《中国统计年鉴》，2006 年全国城镇单位在岗职工年平均工资为人民币 21001 元，按全年 240 个工作日计算（这也是米尔斯采用的年工作日数），日平均工资为人民币 87.50 元，如果按汇率 7.5 元人民币比 1 美元计算，则合约 11.66 美元。本书认为人们往往存在非工资的其他收入形式，因此最终将中国的工资水平定为 15 美元，这样非工资收入占了总收入的约 22%（米尔斯模型中非工资收入占总收入的比例为 25%）。

另一个需要大幅度修改的参数是交通用地水平。这一参数的标定比较困难：一方面是由于这一数据的获取并不容易，另一方面是因为国内外对交通用地的统计口径存在混乱，大大降低了数据的可信度。从 1995 年实施的《城市道路交通规划设计规范》规定看，我国城市的道路用地比例普遍不高："城市道路用地面积应占城市建设用地面积 8% ~ 15%。对规划人口在 200 万以上的大城市，宜为 15% ~ 20%。"而西方发达国家城市该项指标一般为 20% ~ 30%，有些城市高达 40% ~ 50%（包晓雯，2004）。但闫军（1997）指出，《规范》对支路的定义是："支路是次干道与居住区、工业区、市中心区、市政公用设施用地、对外交通设施用地等内部道路相联系的道路",这一定义与国外城市道路等级分类相比,支路处于"集散道路(collector)"和"地方街道(local street)"之间,未能全面反映城市道路实际现状,而美国的地方街道占全市道路长度的60%~80%,而国内这部分却不能计入城市道路,这是我们统计城市道路面积率比发达国家低许多的原因之一。

虽然数据质量不尽如人意,但通过对比一些发达国家城市和发展中国家城市的道路用地比例,发达国家城市由于现代城市建设的时期更长和城市建设资金相对更充裕,因而拥有较高的道路用地比例,这一点在收集的数据中仍然能够反映出来。因此,在针对中国模型计算的时候,道路比例决定参数(L_3)取一个更低的值是有道理的。美国的取值为6.25,对应了约20%的城市道路用地水平,在哈林等的研究中,欧洲的取值为5.12。由于中国属于发展中国家,道路建设还很不完善,因此本书认为中国城市道路供给的L指标更低,但从闫军(1997)的研究看,差距并没有统计数据所表现的那么大,故设定为5.00。

表4-2 发达国家城市与发展中国家城市的城市化地区道路供给比例对比

城 市	道路空间(%)	年代(或资料出版日期)
发展中国家城市		
北京(中国)[1]	13.6	2006
天津(中国)[1]	12.0	2006
上海(中国)	7.4	1998
上海(中国)[2]	19.1	2005
曼谷(泰国)	11.4	1997
首尔(韩国)	20.0	1998
德里(印度)	21.0	1997
加尔各答(印度)	6.4	1997
圣保罗(巴西)	21.0	2001
发达国家城市		
纽约	22.0	1998
纽约[3]	24.1	1985
巴黎	25.0	1998
巴黎[3]	20.0	1988

续表

城 市	道路空间(%)	年代（或资料出版日期）
伦敦	23.0	1998
伦敦[3]	23.0	1982
东京	24.0	1998
东京[3]	13.8	1985

资料来源：若无上标，则数据来源为：Vasconcellos, Eduardo Alcantara de, Urban transport, environment and equity: the case for developing countries, UK and USA: Earthscan Pulications Ltd, 2001. p. 12. "Table Road supply as a percentage of urbanized area"。有上标数据的来源为：1. 根据《2006年城市、县城和村镇建设统计年报（分省初步数据）》（建设部综合财务司编，中国建筑工业出版社2007年出版）计算得到，计算公式为：（对外交通用地＋道路广场用地）/城市建设用地面积合计。2. 根据《中国城市建设统计年报2004年》（均由建设部综合财务司编，中国建筑工业出版社2005年出版）计算得到。3. 孙立军：《上海城市交通建设中的可持续发展战略》，《上海环境科学》1998年第17（1）期，第10～12页。原文数据项为"城市道路用地占总用地比重"，其资料年代采用原表中道路长度统计年份（孙立军，1998）。发达国家一些城市道路比例出现下降是不好解释的，但正如文中提及，这与数据对应的口径甚至是年代不同有关。这里引用仅仅为说明发达国家城市交通用地比例较高，一般认为在20%以上，而发展中国家则一般在20%以下。

第三个需要较大修改的参数是农业地租 R_A。由于各国农业部门在经济中的地位不同、农业生产方式和生产率不同、（对农业产出而言的）土地质量不同等因素，农用地地租差异较大。这一点中美的差距很大，而且对城市的影响也更大。有研究指出，虽然美国的城市经济学家声称城市土地开发与农业用地价值之间的竞争很大程度上影响了城市的空间规模，农用地价值高的地区城市空间趋于更为紧凑的空间形式，这一观点也受到了一些实例的支持，比如美国伊利诺伊州的农用地产出更高，其城市密度也更大，但实际上是美国城市占地比例如此之小，农用地的稀缺性不是个问题，"看不见的手"的指引作用并不强（Brueckner, JK., 2000）。

中国国情与美国正好形成较大的反差。中国人多地少，农用地与城市建设用地之间存在明显的竞争和矛盾。这种竞争性更多地以非市场的形式体现，但其根源仍然在于农用地的稀缺性。因此，要使模型更适用于中国，需要修改农业地租水平。对农业地租的精准衡量存在不同的方法，结果也存在争议。有的从城市边缘区的城市地租去估算，有的从农业用地产出去估算。由于国内农用地征用受行政影响较大，不能完全反映市场价值，故这里从更市场化的城市方面进行匡算，即采用城市基准地价进行粗略估算。按北京居住用地基准地价2880元/平方米计算，使用期限为70年，每年按240工作日计算，年资金回报率按0.10计算，则最后得到农业地租约为5550美元/平方英里，远高于美国60年代的800美元水平。由于北京的基准地价较全国水平高，实际一般在1000多元，这里最后将农业地租水平定为每平方英里3000美元。

最终模型的参数设定如表4-3所示。

表4-3 模型的参数设定

参数	原模型	美国情景	中国情景	参数	原模型	美国情景	中国情景
α_2	0.20	0.20	0.20	e^a	1.61	1.61	1.61
r	0.0005	0.0005	0.0005	A_2	0.01	0.01	0.01
ω	25	25	15	B_2	0.10	0.10	0.10
θ_1	1.50	1.50	1.50	L_3	6.25	6.25	5.00
θ_2	-1.50	-1.50	-1.50	A_3	40000	80000	80000
R_A	800	800	3000	P_3	0.40	0.60	0.60
N	300000	500000	500000	ρ_2	2.0	4.5	4.5
φ	6.28	6.28	6.28	ρ_1	1.0	1.0	1.0

注：在米尔斯模型中设定为1英里，这里仍然保留原假设，换算后为1.61公里，对应CBD面积8.14平方公里。

在得到模型的解之后，就可以进一步分析城市的各种特性。首先可以通过城市半径e计算得到城市总面积πe^2，城市交通用地总面积$L_3(u_A - e)$，城市交通用地占总用地的比例$L_3(u_A - e)/\pi e^2$。进一步可以分析城市的人口密度。

在计算城市人口密度之前需要先确定城市的总人口。根据美国的人口调查，就业人口大约是总人口的1/3，则美国城市总人口为$3N=150$万人。对中国而言，2005年城镇人口为56157万人，但就业人口数据的衡量比较麻烦。2005年全国城镇就业人员数为27331万人，占城镇总人口的48.67%；城镇的国有单位、城镇集体单位、股份合作单位、联营单位、有限责任公司、股份有限公司、私营企业、港澳台商投资单位、外商投资单位、个体的就业人员总数为17461万人，占城镇总人口的31.09%；在岗职工总数为10850万人，占城镇总人口的19.32%。根据国家统计局对就业人员的定义，"就业人员是指在16周岁及以上，从事一定社会劳动并取得劳动报酬或经营收入的人员，用以反映一定时期内全部劳动力资源的实际利用情况",而模型中的就业人口是指通勤上班的人口,在市中心具有较为固定的岗位,因此49%的比例显然偏大,而在岗职工的范围又偏小,最后本书采用各单位就业人口总计的数值来反映我国就业人口占总人口的比例,对应总人口161万,在后面的计算中粗略地采用1/3的比例,对应150万人。

、得到城市总人口之后,就可计算得到城市的人口密度 $3N/\pi e^2$ 和人均交通用地 $L_3(u_A - e)/3N$。

4.2.4 模型的解及其分析

在上述的参数设定下,通过计算机模拟可以得到模型的解,如表4-4所示。

对比实际数值,模型的解是有意义的。按建设部综合财务司编的《中国城市建设统计年报》,以"对外交通用地"和"道路广场用地"的和作为城市道路用地,2004年全国城市人均道路面积为14平方米,全国城市建成区人口密度(城市人口比上建成区面积)为1.12万人/平方公里。而模型得到的人口密度为1.07万人/平方公里,十分符合我国城市的实际密度。虽然得到的人均交通用地27平方米比我国城市实际水平约高一倍,但这完全在预期之中。因为模型仅仅考虑了CBD、居住和交通三种类型的用地,而实际中城市的用地还有一定比例的其他用地类型。加上中国城市的道路建设相对滞后,因此,模型得到的交通用地应该高于实际水平,模型计算结果的偏差是符合预期的。

表4-4 模型的解

	半径 (公里)	面积 (平方公里)	人口密度 (人/平方公里)	人均交通用地 (平方米)	$R(1)$ (美元)	$P_3(1)/2$ (美元)
原模型	14.49	658	1368	123	66000	0.97
美国情景	16.78	884	1696	102	50735	0.80
中国情景	6.69	141	10668	27	166649	1.67
中/美	0.399	0.159	6.289	0.268	3.285	2.081

对比中、美两种城市情景的模型的解,中国城市的半径较小(6.7公里),仅为美国城市半径(16.8公里)的2/5左右,对应的面积则不到美

国城市的 1/5。由于模型参数设定时城市总就业人口均设为 50 万，容易得到对应的城市密度：中国城市是美国城市的 6.3 倍，为每平方公里 10668 人。进一步比较中美城市在这一模型框架下的人均交通用地，可以发现中国还不及美国的 30%。这说明中国情景下城市更为紧凑，对土地资源和交通能源的消耗更少。

但是，从居民的角度考虑，则是另一种情况。虽然城市人口规模相当，但纳入交通拥堵成本的交通费用，市中心区的中国居民所支付的交通价格是美国的 2 倍，所承受的地租水平是美国的 3 倍多，而且中国城市居民的工资水平远低于美国，仅为后者的 60%。

分析其原因，在米尔斯模型的框架下，这主要是农业地租更高和交通用地偏小造成的。因此，模型暗示了这样一个结论：如果保障了农业地租水平，中国城市的高密度和高租金在市场条件下是无法避免的（在后面的敏感性分析我们可以看到，城市道路占地面积比例较小的影响也非常显著，随着道路建设的完善，城市的人口密度有逐步下降的趋势）。而这对城市走紧凑型可持续发展的道路有利，但对居民的生活水平不利。虽然这对个人而言显得不合理，但如果考虑到中美总人口和总的用地条件的国情对比，中国的土地资源与美国相比更为珍贵，从市场定价的角度而言，城市居民付出更高的地租是合理的。在交通模式单一的模型中，还无法分析中美城市不同的汽车使用水平对城市形态的影响。

从模型的解的空间分布看，也是符合理论预期的。城市居住人口密度梯度实证研究有两点结论已经得到了广泛的认可：（1）城市的密度存在从中心向外围的降低趋势；（2）过去一百年间，几乎所有的发达国家的城市和其他一些发展中国家的城市呈现了分散化的发展趋势，城市人口密度梯度不断降低。模型得到的城市地租和城市密度从市中心向外递减，符合距离衰减律，比较静态分析则符合第二点。城市经济学家对此的解释是依据单中心城市模型，把分散化解释为收入增加和交通成本的降低，在单中心模型中，二者都导致密度梯度降低（Alex Anas，Richard Arnott，etc，1998）。

由模型的解可以得到各个距离上和环带上的人口、地租和交通价格，将这些变量与距离进行回归拟合，可以发现符合已有理论的描述，服从一种指数分布。单中心城市密度函数的经典模型是克拉克函数（Colin Clark），这里将采用他的模型进行验证。回归拟合地租对距离的对数方程为：

$$\log R(u) = 5.218 - 0.277u$$
$$t:(957.495)(223.931)$$

其中，R 平方为 0.941，F 检验为 50145，总样本数为 3157 个。

采用克拉克模型对环带人口密度和距离进行回归，得到的对数线性方程为：

$$\log D(u) = 11.509 - 0.526u$$
$$t:(957.495)(223.931)$$

其中，R 平方为 0.979，F 检验为 146026，总样本数为 3157 个。

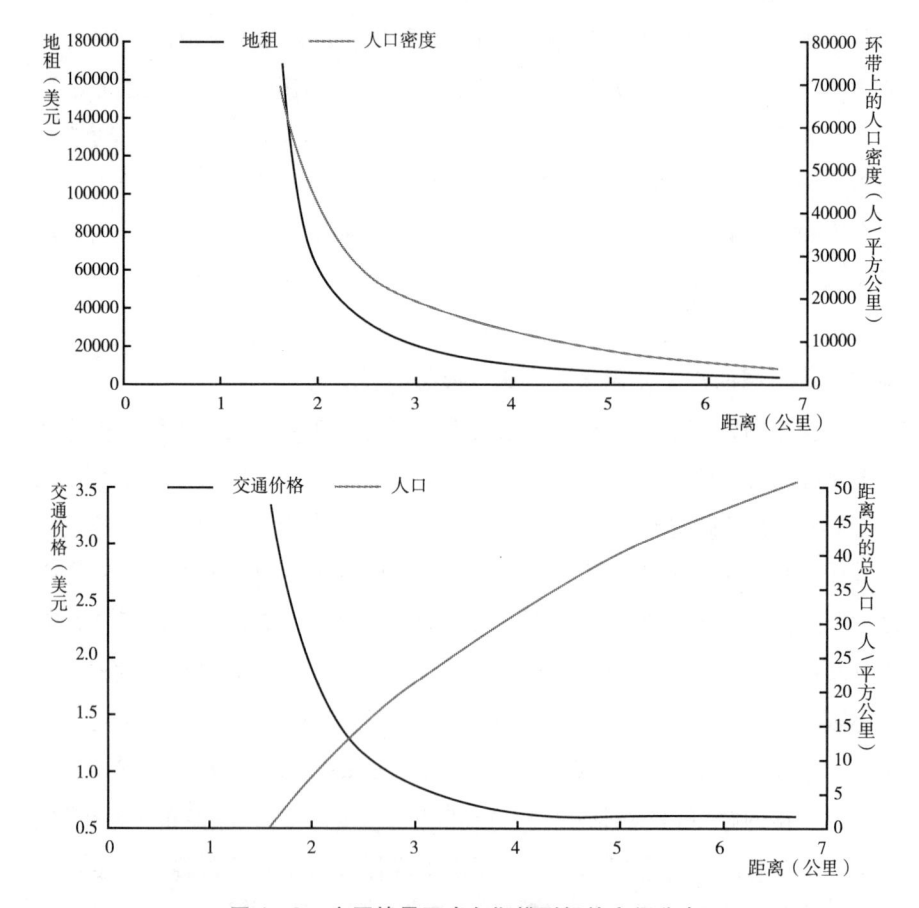

图 4-9 中国情景下米尔斯模型解的空间分布

从回归方程的 R^2、F 检验和 t 检验（括号内为 t 检验值）看，回归的效果是比较理想的，人口密度方程较好地符合了克拉克模型的描述。这说明本书得到的城市密度空间分布结果与传统研究结论具有一致性，模型的解符合理论预期。

关于城市地租分布的研究较多，模型的地租分布也较符合现实中单中心城市的情况，从城市中心向外迅速递减。从递减速率看，北京市中心区的最高房价是边缘区的 10 倍以上，而模型中城市中心地租是农业地租的 50 多倍，与现实属于一个数量级。这里仅考虑了一种交通模式，在后面的双交通模型中，这一差距为 20 多倍，更符合实际。

关于城市人口密度空间分布的研究不多。以城市环带数据进行分析的实证研究还不多，从已有的一些研究看，模型的人口密度分布也是符合我国城市实证研究结果的，得到的系数与我国对上海、杭州等城市的实证研究结果是可比的，比如人口约 200 万的杭州市其指数模型的克拉克拟合所得到的系数为 -0.27 左右（沈建法，王桂新，2000；冯健，2002）。前面模型所得到的对应的系数（-0.526）与这一实证研究结果是同数量级的。

4.2.5 敏感性分析

本书对参数进行了微调，以考察各个参数单独变化对模型结果的影响，得到了敏感性分析的结果，考察的参数有工资水平、农业地租水平、交通支付成本、拥堵的财富效应参数、拥堵参数、交通占地比例、城市总人口。

为了对比分析，本书还设定了城市就业人口为 30 万的城市，将其交通供给水平较就业人口为 50 万的情况降低了一半，即设置 A_3 为 40000，其他参数的设置不变。这里还考虑了修改工资参数，但对我国城市人口在 50 万到 200 万之间的城市做的粗略的判定表明，样本的在岗职工工资与城市非农业人口相关系数仅有 0.1，说明城市居民的收入与城市规模相关性不大，最后仍然保持工资水平参数不变。

从敏感性分析中可以得到一些富有启示性的结论。但值得注意的是，敏感性分析的结论并不能简单地外推到其他情况的城市。比如，如果城市

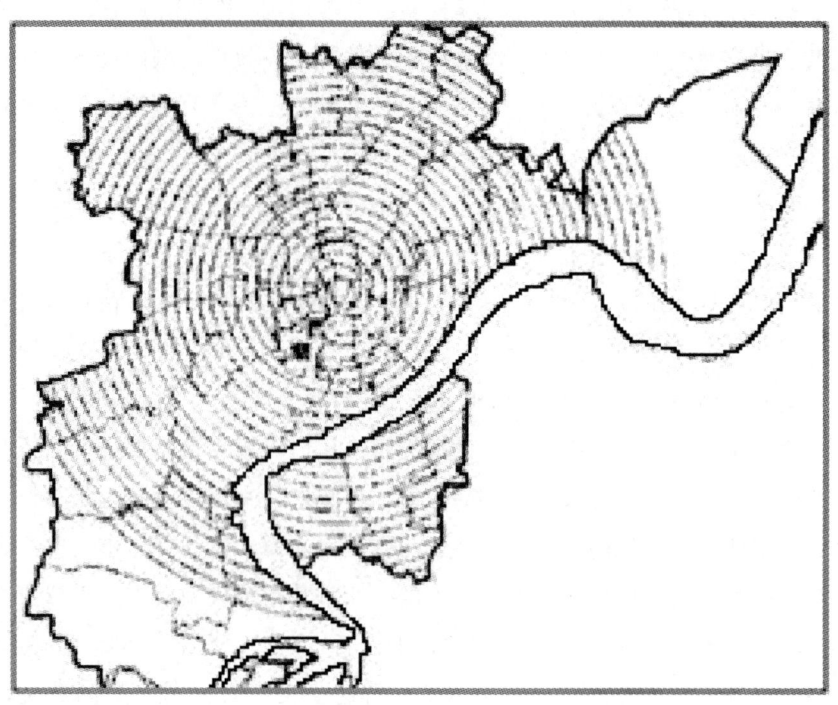

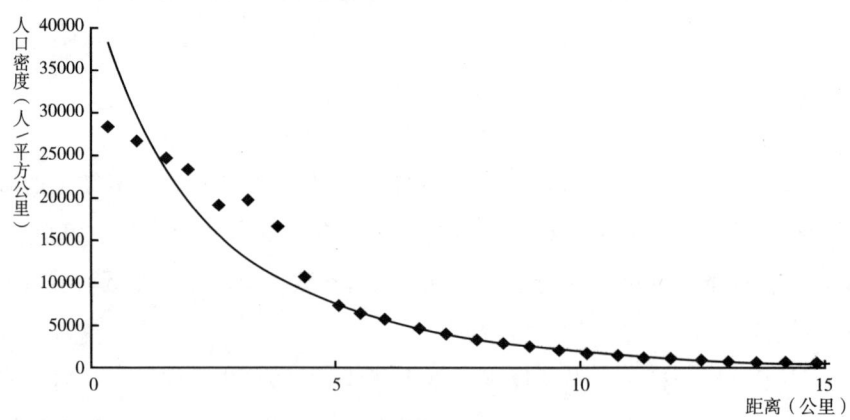

图 4 - 10　杭州城市人口的环带划分及其密度分布

资料来源：冯健：《杭州市人口密度空间分布及其演化的模型研究》，《地理研究》2002 年第 5 期，第 635~646 页，图中拟合的曲线为加幂指数模型。

就业人口 100 万（总人口对应为 300 万）以上的城市，其城市规模和地租分布就不是上述敏感性分析的简单外推。因为大城市的城市交通结构可能已经不能用单中心来支撑，更详细的讨论见附录。

（1）我们假设工资会持续增加，而不会减少。同样是其他条件不变，可以发现，工资增长对城市用地规模的影响最大，是唯一增长20%会导致城市半径增长10%以上的参数，达到了17%，相应的城市面积增加38%。人口密度减少的幅度更大，达到27%。若工资水平增长40%，则城市面积和人口密度变化的趋势不变，幅度分布增长为35%、81%、45%。这在直观上是好理解的，封闭城市下，居民收入增长会驱动居民消费更多的居住用地。

如果收入增长没有吸引更多的人口，这里表现为人口规模不变，即封闭城市假设，那么地租会下降，对交通成本的影响不大。工资水平敏感性分析可以得出一个重要的结论：城市居民的收入，或者说城市的经济水平是城市用地规模扩展的最主要动力。

（2）影响程度仅次于工资水平的是交通支付价格（不含拥堵成本的价格）。交通支付成本若提高20%，则城市半径、城市面积和人口密度分别变化 -3.8%、-7.5%和+8.1%；若降低20%，则分别变化的百分比为4.1、8.3、-7.7。对比城市人口增加20%的影响，以上三项的百分比变化为：2.3、3.8、-4.5。可见，交通支付成本对城市空间规模和密度的影响力比城市人口还要大一点。换言之，如果对模型假设的城市要实施控制城市用地规模和提高土地承载力的政策目标，则在市场经济条件下，提高交通成本的效果比较好。

（3）交通用地比例影响的力度在敏感性分析中居于第三位。实际上，交通用地比例减少的情况不太可能出现，交通用地增加的情况对现实更有参考价值。模型表明，交通供给增加20%会刺激城市半径增加5%，城市面积相应增加11%，而城市密度减少10%，中心地租减少23%，包含拥堵成本在内的CBD边缘居民的交通成本下降46%。这暗示着，如果依靠修路来解决交通拥堵，在模型上是有效果的。但是，正如我们后面将要在双交通模式中所见，这一点并不成立，道路供给增加的影响更多地在于交通模式选择的影响，对城市空间规模和人口密度的影响较小。

（4）农业地租水平影响的力度也很大。增加20%或者减少20%农业地租对城市半径、城市面积和人口密度的影响分别为：-5%、-10%、11%；6%、13%、-12%。农业地租降低的影响幅度略大于增加的情况。

这说明农业地租对城市扩展的刺激很大，因此，从这个意义上看，要控制城市扩展，提高占用农业用地的成本，是一条可行的政策；而贱价侵占农地，对城市用地扩展的刺激要更大。

这一点对我国近期城市大量占用耕地的现实具有很强的解释力，农民的弱势地位，相关的较为强势的团体有很强的压低实际农业地租的动力和能力，结果导致实际占用耕地成本较低。另外，正如收入增加对城市扩展的驱动分析所揭示，由于我国经济持续快速增长，可以预期工资水平也将快速提升，形成了一种城市地租上升的强烈预期，这种预期与压低农业地租的能力相结合，也就出现了耕地急剧减少的情况。

因此，虽然20世纪90年代以来中国反复出现"开发区热""房地产热"，而中央政府也不断对这种过热现象进行宏观调控，但效果并不理想。如1993年全国进行房地产调控，清理各级各类开发区达2804个，涉及土地面积1143万亩，其中绝大部分是耕地（郑正、扈媛，1998）。但不到5年，类似现象再次出现，以至于1997和1998年中央政府采取全面冻结审批新增城市建设用地的极端措施（刘盛和，2002）。这也没有扭转城市扩展和占用土地的趋势，2005年开始，国内对房地产的调控不断升级，比如不断出台的中央"国八条""国六条"等措施，主要就是针对住宅房地产业的宏观调控。

（5）城市总人口。人口规模增加最主要的影响是对地租和交通成本的影响，在所有可能的情况中（除了交通供给降低，而正如前文所述，这种情况不太可能出现）是最高的，地租增加了153%，交通价格增加了227.33%。换言之，如果交通供给等其他条件不变，人口增加20%最重要的影响是使得城市交通更为拥堵，对城市空间规模影响较小。

其中比较有意思的是城市总人口对城市空间规模的影响。城市总人口增加20%对城市半径的影响约为-6%。这意味着，城市总人口从150万增加到180万，由于交通拥堵的加剧，人们更倾向于靠近城市就业中心居住，均衡状态下，城市半径反而减小了，城市密度急剧增加（增加约36%）。

更有趣的是，人口初始规模更小的情况下，城市人口规模的增加并不一定导致城市半径的减小,而是相反。比如当城市总人口设定为90万的时候,情况与其正好相反,城市半径反而增加0.5%。尽管增加幅度不大,但这暗示着:虽然人口增加导致的交通拥堵也是一个促使居民靠近城市中心居住的因素(交通拥堵价格增加了116%),但此时城市仍会新增用地来增加人口容纳能力。

(6)其他参数变化20%对模型结果的影响较小。如果人们对交通拥堵时间价值的估计下降,则城市半径/面积会略有增加,人口密度略有下降。这与降低交通成本的作用是类似的。反之亦然。

如果交通拥堵指数上升,这种情况对应于交通管理水平的提高,使得单位面积的交通利用率提高了,其结果是城市半径/面积会略有下降,人口密度略有上升。这种情况相当于把本需要扩展的用地通过管理水平的提高消化了,与降低城市交通用地比例的效果是类似的。反之亦然。

但是,以上两种情况的影响力与前面的因素相比,其强度要小得多,更大的影响体现在交通总成本上。换言之,单纯对城市交通系统的改变,最主要的影响还是在交通系统的性能上,而对城市空间的影响较小。因此,模型支持了下面的观点:尽管交通技术规划和交通管理能够在一定程度上改变城市空间规模、人口密度等城市性质,但这些不是根本的原因,因而对一个居民收入水平高速增长,人口高速增长的城市,通过交通来控制城市用地规模,在市场经济的条件下,效果不会太明显。

与米尔斯针对20世纪60年代美国城市情景研究得到的敏感性分析结果相对比,城市规模增加的影响更大了,米尔斯的研究对城市半径的影响仅为+1%,而本书为-6%(150万总人口)和0.5%(90万总人口)。而对城市密度的影响则没有那么明显,米尔斯模型城市人口规模增加20%造成的人口密度下降达到22%,高于中国城市的13%(150万总人口)和19%(90万总人口)。这意味着,发展中国家城市化进程导致的城市地理空间蔓延变化可能比发达国家城市的更剧烈,但人口密度的变化程度则要小一些。

前面的模型分析提供了一个分析框架,这个分析框架是粗略的,虽然没有说明具体的交通模式,但根据其参数,比较偏向于小汽车。我们也可以从中得到一些富有启迪性的政策启示。在这一分析框架下，正如敏感性分析中指出：通过交通技术和交通管理等方式来控制城市人口密度，提高土地承载力，其效果甚微。虽然工资水平和人口规模是城市密度和城市占地规模最有效的控制手段，但这两个参数的控制无疑与经济和城市化发展目标相矛盾。因此，更为可行的政策选项是控制农业地租和提高交通支付价格，从前面的分析结论看，如果变化同样的幅度，这两种的控制也不能完全抵消经济和城市化进程对降低城市人口密度的影响。但比控制交通系统的参数更有效得多，相对而言，农用地和交通价格的控制更具有可操作性。

表 4-5 中国情景下 150 万人口城市的米尔斯模型敏感性分析

参数设定	半径（公里）	总面积（平方公里）	人口密度（人/平方公里）	$R(e)$（元）	$P_3(e)$（元）
Ⅰ 初始条件	6.690	140.61	10668	166649	1.665
Ⅱ					
$\omega = 18$	7.852	193.69	7744	143589	1.665
(+20)	17.37	37.76	-27.41	-13.84	0.00
$\omega = 21$	9.009	254.98	5883	125291	1.665
(+40)	34.66	81.35	-44.86	-24.82	0.00
Ⅲ					
$R_A = 2400$	7.112	158.89	9441	164253	1.665
(-20)	6.30	13.00	-11.51	-1.44	0.00
$R_A = 3600$	6.360	127.08	11804	168907	1.665
(+20)	-4.93	-9.62	10.64	1.35	0.00
Ⅺ					
$P_3 = 0.48$	7.171	161.56	9284	145510	1.605
(-20)	7.19	14.90	-12.97	-12.68	-3.60
$P_3 = 0.72$	6.283	124.01	12096	189279	1.725
(+20)	-6.09	-11.80	13.38	13.58	3.60
Ⅻ					
$\rho_1 = 0.8$	6.735	142.51	10526	139066	1.392
(-20)	0.67	1.35	-1.33	-16.55	-16.40
$\rho_1 = 1.2$	6.650	138.92	10798	195303	1.938
(+20)	-0.60	-1.20	1.21	17.19	16.40
ⅩⅢ					
$\rho_2 = 3.6$	6.637	138.38	10839	158583	1.416
(-20)	-0.79	-1.58	1.61	-4.84	-14.95

续表

参数设定	半径（公里）	总面积（平方公里）	人口密度（人/平方公里）	$R(e)$（元）	$P_3(e)$（元）
$\rho_2 = 5.4$	6.722	141.96	10566	178307	1.968
（+20）	0.48	0.97	-0.96	7.00	18.20
XIV					
$L_3 = 4.0$	6.267	123.38	12158	290575	4.025
（-20）	-6.33	-12.25	13.96	74.36	141.74
$L_3 = 6.0$	7.055	156.38	9592	127846	0.901
（+20）	5.46	11.22	-10.09	-23.28	-45.89
XV					
$N = 600000$	6.280	123.89	14530	420972	5.450
（+20）	-6.13	-11.89	36.20	152.61	227.33

表4-6 中国情景下90万人口城市的米尔斯模型敏感性分析

参数设定	半径（公里）	总面积（平方公里）	人口密度（人/平方公里）	$R(e)$（元）	$P_3(e)$（元）
I 初始条件	5.784	105.10	8563	217145	3.400
II					
$\omega = 18$	6.701	141.08	6379	194858	3.400
（+20）	15.86	34.23	-25.50	-10.26	0.00
$\omega = 21$	7.612	182.04	4944	175849	3.400
（+40）	31.61	73.21	-42.27	-19.02	0.00
III					
$R_A = 2400$	6.162	119.29	7544	214921	3.400
（-20）	6.54	13.50	-11.90	-1.02	0.00
$R_A = 3600$	5.489	94.67	9507	219245	3.400
（+20）	-5.09	-9.92	11.02	0.97	0.00
XI					
$P_3 = 0.48$	6.103	117.00	7692	202198	3.340
（-20）	5.51	11.32	-10.17	-6.88	-1.76
$P_3 = 0.72$	5.504	95.17	9457	232769	3.460
（+20）	-4.84	-9.45	10.43	7.20	1.76
XII					
$\rho_1 = 0.8$	5.835	106.98	8413	174150	2.780
（-20）	0.89	1.79	-1.76	-19.80	-18.24
$\rho_1 = 1.2$	5.739	103.47	8698	261409	4.020
（+20）	-0.78	-1.55	1.58	20.38	18.24

续表

参数设定	半径 （公里）	总面积 （平方公里）	人口密度 （人/平方公里）	$R(e)$（元）	$P_3(e)$（元）
XIII					
$\rho_2 = 3.6$	5.752	103.93	8659	175011	2.452
（-20）	-0.56	-1.11	1.12	-19.40	-27.88
$\rho_2 = 5.4$	5.798	105.63	8521	275962	4.765
（+20）	0.25	0.50	-0.50	27.09	40.15
XIV					
$L_3 = 4.0$	5.353	90.01	9999	386354	8.762
（-20）	-7.46	-14.36	16.76	77.92	157.71
$L_3 = 6.0$	6.178	119.92	7505	164152	1.665
（+20）	6.82	14.10	-12.36	-24.40	-51.03
XV					
$N = 360000$	5.813	106.16	10174	612715	7.342
（+20）	0.50	1.00	18.81	182.17	115.94

4.3 双交通模型分析：Mills 静态模型扩展

在现代城市理论中，交通运输对城市结构起着类似"骨架"的作用，这种看法已经成为一种教科书式的知识而写入了当前城市规划专业的主流教材（文国玮，2001；徐循初，2001）。这种"骨架"因城市交通模式的不同而有很大的区别，城市采用何种交通模式，极大地影响甚至直接决定着城市形态和城市结构。因此，交通模式是城市交通运输系统的重要组成部分，交通与土地，尤其交通模式与土地利用之间的关系是城市研究的核心内容。米尔斯模型也考察了交通成本与居住区位之间的关系，且在分析城市交通及其与城市结构的关系时，模型的核心之一也是交通市场的价格机制，但交通部门的复杂性恰恰在于交通模式之间的竞争性。米尔斯模型对交通部门做了含糊不清的单一模式假设，这种简化处理，抹杀了不同交通模式对城市的影响，无疑是一种遗憾。

实际上，米尔斯模型中对交通模型的假设，更接近于小汽车这种交通模式。虽然美国多数城市是以小汽车为主，甚至没有公共交通，但更多的城市交通长期存在公共交通和私人交通之间的竞争，尤其中国城市，多数仍然以公共汽车为主。二者的竞争对城市规模，乃至城市结构都有着深刻的影响。本节的主要内容就是扩展米尔斯静态模型，在构建不同的交通模式的背景下，考察以小汽车为代表的机动车这种私人交通模式对城市规模和城市密度等方面的影响。

4.3.1　模型构建与求解方法

继米尔斯之后不久，就有研究者（Haring，1976）注意到了模型关于交通模式过于简单化处理的这一遗憾，并针对这一问题扩展了米尔斯模型，在模型中考虑了两种竞争性交通模式：公共汽车和小汽车，在本书中称之为"双交通模型"。本书将在这一模型的基础上，进一步分析小汽车对城市规模、人口密度等后面的影响。

双交通模型考虑了小汽车和公共汽车两种竞争性的交通模式。同样的，这一模型引入了米尔斯模型中采用的 Vickery 的交通拥堵描述，将两种交通模式的价格分别表述为：

$$P_3(u) = \overline{P}_3 + \rho_{31}\left[\frac{X_{3D}(u)}{X(u)}\right]^{\rho_{32}} \tag{4.16}$$

$$P_4(u) = \overline{P}_4 + \rho_{41}\left[\frac{X_{3D}(u)}{X(u)}\right]^{\rho_{42}} \tag{4.17}$$

其中各个参数的意义与米尔斯模型相同，下标 3、4 分别对应了私人机动车和公共汽车这两种不同的出行方式。与米尔斯模型相同的是，居民对交通成本的考虑不仅仅局限在出行的支付成本，还会考虑拥堵成本。但在双交通模型中，居民将进一步根据支付成本和拥堵成本的总价格，选择较为便宜的交通模式。这样就在基于个体理性的基础上完成了居民总体在两种交通模式之间的乘客量分配。由于乘客选择较低价格交通模式的时候，本身也就增加了这一交通模式的拥堵成本，将导致这种交通模式的价格随之上升。显然地，这样的分配过程会导致两种交通模式价格的趋同性。

之所以说是"趋同"而不是"相等"，是因为存在这样的可能：在某一距离上，即使达到该距离可能的最大拥堵水平，其中一种交通模式仍然比另外一种价格要低，也即更有吸引力，结果就出现这样的可能情况，即

两种交通模式的总价格虽然在理性选择下在"努力"地趋同,但达不到相等。如果摒除这种极端情况,则可以再得到下面的这个方程:

$$\int^u P_3(x)dx = \int^u P_4(x)dx \qquad (4.18)$$

由于这一条件在距离 u 上处处成立,因此这隐含着这样的市场倾向:小汽车和公共汽车的价格在城市半径上,处处相等。故有:

$$P_3(u) = P_4(u) \qquad (4.19)$$

同时,对距离 u 处的小汽车和公共汽车乘客量,显然有:

$$X_{3D}(u) + X_{4D}(u) = \int^{uA} N(x)dx \qquad (4.20)$$

对应地,在米尔斯模型中距离 u 处的人口和地租梯度分别由下式决定(下面 4.22 式的表达形式为距离 u 处小汽车的总价格不高于公共汽车的情况):

$$N(u) = \frac{\emptyset u - L_3(u) - L_4(U)}{GR(u)^\alpha} \qquad (4.21)$$

$$DR(u)^\alpha R'(u) + P_3(u) = 0 \qquad (4.22)$$

至此,模型构建完毕。而模型的求解与米尔斯模型类似,但是由于某一距离上的乘客分配依赖于外围乘客分配的结果及其产生的拥堵状况,需要预先知道该距离以外人口的交通选择及其产生的交通价格,然后才能决定本距离上的乘客分配。这样,双交通模型求解与上一节略有不同,具体步骤如下:

(1)猜测一个城市半径 u_A,使得该距离处的地租等于农业地租,计算该距离上的人口 $N(u_A)$。

(2)通过区位均衡条件计算该距离上的地租一阶导,此时已知该距离处的地租及其一阶导,采用数值分析中的后退欧拉法可以求得步长 h 后 [距离为 $(u-h)$] 的地租,进而可以求得对应的人口和地租一阶导。

(3)在已知距离 u 和距离 $(u-h)$ 处的人口之后,通过梯形近似法可以求得这一环带上的人口近似,并通过小汽车和公共交通的拥堵方程及趋同性条件,可以得到环带上人口在两种交通模式之间的分配。这里,

Haring 等采用了牛顿法解交通模式分配的联立方程组，考虑到可能存在无解的情况，本书采用了二分法解方程，计算次数取了 3000 次。在给定的区间 $[0, \int_u^{u+h} N(x)\mathrm{d}x]$ 上无解是特殊的情况，此时意味着小汽车与公共交通的价格无法相等，本书采用了与哈林等类似的处理方法，认为价格不具备优势的交通模式也至少会吸引 15% 以上的人口。

重复上面的第二步和第三步，直到满足总人口为 N 和 CBD 边界为 e 的约束条件，否则适当调整初始猜测值，重新计算。

4.3.2 模型假设的进一步阐述

尽管哈林扩展了米尔斯模型的交通模式，但其中有许多阐述是含混不清的，妨碍了这一模型的继续发展。本书将试图对其中含混不清的地方做进一步的阐述。

4.3.2.1 星形道路假设

这一假设实际上从阿朗索的地租模型就开始了。城市道路在阿朗索的模型中实际上被"压缩"为一维的线性道路，到米尔斯模型则为二维的星形放射道路。但这一假设没有明确地提出来，其原因在于模型最初并不是针对交通问题而提出的，因此，假设的含糊并不妨碍模型有针对性地分析研究。在本书中，模型分析的主要目的就是分析城市交通问题，因此，明确地阐述道路的假设——即为什么双交通模型对应了星形放射道路——是必要的。

在双交通模型对交通供给常数化的简化处理中，在单位 1 的距离处（即 Mills 模型的 CBD 边界 1 英里处），交通供给占了 2π 英里周长的 6.0 英里，然后向外的时候，这一交通供给维持常数不变，按原模型，完全可以把这解释在每个环上，道路宽度保持不变，如果道路的宽度不变的话，每个环的道路数量显然也不变。这种路网结构，显然是星形道路。因此，原模型对路网结构有个很强的假设，城市只存在从 CBD 发散出去的星形道路网，而不存在环路。参数 L 则代表了从中心区发散处的星形道路的总宽度。

这一假设在一定程度上是合理的。或者有人会对交通供给外生的假设感到困惑。这一假设实质是规定了道路形式为星形放射道路（当然也可能存在其他形式）。这意味着，城市道路密度向外递减。这与人们通常认为城市道路网近似均匀分布的想法相比，更符合实际，只不过由于非星形道路（如环路）的存在，递减速度可能有所不同。以比较符合平原假设和单中心假设的北京为例，其道路密度就呈现向外递减分布。1990年北京三环路以内宽6米以上道路的路网密度为3.04公里/平方公里，市区道路用地率为8.77%；而五环路以内市区道路路网密度为1.55公里/平方公里，用地率为3.82%。

  但这一假设在人口规模增加的时候就会出现显著的不合理（某种程度上又"合理地"解释了多中心城市的出现，具体请参见本章附录4.2）。如果把总人口设定为100万，由于其对交通供给的常数假设（星形道路假设），使得人口增加时候，越往外道路拥堵越严重，导致拥堵成本极高，结果大大增加了交通价格。在交通价格非常高的情况下，人们宁愿承受很高的地租，也要靠近CBD。实际上，在100万人口假设的时候，出现了一种极端的情况，此时的城市半径反而小了，仅为1.22英里，而地租则呈爆炸性增长，达到1亿美元以上（此时模型计算的步长为1.0×10^{-5}，道路供给L为5）。这意味着，在米尔斯的模型中，随着城市规模到达一定程度，过高的拥堵成本使得人们都愿意居住在城市中心，结果出现了道路越拥堵越向中心挤的现象，而不是通常观察到的拥堵导致扩散现象。

4.3.2.2 空间短视假设

  在双交通模式模型中，暗含了一个很强的假设，然而，在哈林的论文中并没有严格地提出来，本书称之为"空间短视假设"。这一假设认为，人们仅仅会根据本区的情况来选择自己的交通模式。在米尔斯模型中，由于人们都仅仅向CBD通勤，因此人们可以认为从CBD到本距离之间的交通对本距离上的交通没有影响，但由于本距离以外的部分乘客都会通过本区，因此人们会考虑本距离之外对本区交通的拥堵影响，然后再决定选择小汽车还是公共汽车。这一假设在模型条件下是比较合理的，但在很大程度上并不符合实际：因为人们在选择出行方式的时候是一个非常复杂的博弈过程，比如，有可能出现这样一种情况，人们都会期待自己抢先使用支付成本更低的交通模式，而不会顾及拥堵成本，结果形成"公共地悲剧"。毫无疑问，在哈林等的双交通模式模型中，在模型求解的过程中，无意识地、优先地把选择权交给了外围的居民，结果包含了空间短视假设。尽管如此，模型得出的结论仍然非常有意义。但我们必须注意的是，模型求解过程包含的这个假设，即使是在符合模型假设的城市中，这种模型的解也只是人们复杂的交通出行行为及其相互博弈中的一种情况，并不代表全部，我们在理解这一解的时候要注意这已经极大地简化了复杂性。

4.3.2.3 关于拥堵方程的使用——交通供给分离假设

在哈林的模型中，对小汽车和公共汽车使用了两个不同的拥堵模型，也就是说，人们对两种交通模式的拥堵价格做出判断，再决定采用何种方式。但在模型求解的过程中，两个拥堵方程采用了各自的乘客量和交通供给量。实际上，在论文中的交通供给量是交通占用的土地面积。因此，这个模型的求解中，暗含了另外一个很强的假设，也就是说，小汽车和公共汽车分别使用了各自的交通用地，而不会拥堵在一起，形成"各自挤各自的道路"。这个假设也与现实可能存在一定的差距，现实中虽然有公交专用道，但也有很多路面共用的情况。

4.3.3 参数设定

哈林已经采用模型考察了欧洲和美国的情况，并进行了对比。与米尔斯模型的参数设置相比，主要根据欧美之间的差异调整了模型关于工资水平以及交通部门的参数设定。本书引用双交通模型的目标是分析中国城市的情况，因此对模型参数将做进一步的修改。

这种修改是必要的。根据前面米尔斯模型数值模拟的结果，工资水平和基础设施水平（道路占地比例）对模型结果的影响较大，这暗示着，中国这样的发展中国家的城市在这两个参数上与欧美发达国家城市相差甚大——这种差距将在下文详细说明。本书主要的修改包括工资水平、农业地租和交通部门参数。

工资水平和农用地地租的差异正如米尔斯模型中分析的那样，这里仍然使用日工资 15 美元、农业地租 3000 美元的参数设定。对交通部门参数的估计比较难以精确量化。其中主要要调整的参数是非拥堵条件下的支付价格、财富效应参数和拥堵参数。拥堵参数这里采用和一般的参数设置，即4.5。

财富效应的设定需要考虑不同交通模式乘客的情况。一般地，小汽车和大运量公共交通乘客对出行时间的估价是不同的，这一点也受到了实证研究的强烈支持（José A. Gómez-Ibáñez，William B. Tye，1999）。国内对公交出行者和小汽车出行者平均收入的调查数据还较少。根据世界银行对发展中国家城市的研究，即使在汽车普及率较高的发展中国家城市，有车族的平均收入比公交乘客（或没有汽车的人群）一般要高2倍以上，比如波哥大的这一比值为2.3，布宜诺斯艾利斯为2.0，利马为3.7（世界银行，2006）。尽管在模型中已经假设了所有乘客收入相等，但根据实证数据，可以认为选择小汽车的乘客对时间价值更为重视。因此，在 ρ_1 的取值上，本书设定小汽车乘客的取值更大，甚至大于公共汽车的2倍也是合理的。本书将小汽车模式拥堵方程的财富效应系数设定为公共汽车模式的2倍。

对支付价格的设定比较麻烦，交通模式不同最大的区别在于其速度，进而会影响到乘客的时间价值。在每公里运营成本上，哈林等设定的小汽车与公共汽车2英里（上下班）的运营成本分别为24美分和35美分。需要考虑在无拥堵条件下，小汽车和公共汽车速度差异分别为26英里/小时（41.8公里/小时）和20英里/小时（32.2公里/小时）。由已设定的日工资水平得到8小时工作制下的小时工资水平（哈林设定的美国工资水平为32美元/日，欧洲为24美元/日），就可以通过下式计算得到支付价格：

$$支付价格 = 运营成本 + 2 \times 小时工资水平 / 交通模式的速度$$

本书将上式的最后一部分（2×小时工资水平/交通模式的速度）称为支付价格的时间成本部分，可以得到中国15美元/日工资水平下小汽车和公共汽车的值分别为14.4美分和18.75美分。正如哈林认为由于政府政策导向不同，对不同交通模式的税收和补贴也不同，结果欧洲的小汽车运营成本高于美国，而公共交通运营成本低于美国。本书认为中国小汽车乘客的运营成本也非常的高，而公共汽车的运营成本则相当的低。

笔者主要参考2005年北京市第三次交通综合调查来估算我国小汽车

乘客的运营成本。根据北京市调查结果，私车年使用费用为 15000 元左右，按 240 工作日（62.5 元/日）和 50% 的上班（2005 年北京市第三次交通综合调查结果显示，北京通勤上下班比重 2000 年为 57.8%，2006 年为 47.5%）出行粗略计算，则日上班出行成本为 31.25 元。由于北京市小汽车次均载客率仅为 1.26 人/次，基本属于 1 人 1 车的情况，也符合模型假设。根据 2005 年北京市第三次交通综合调查，北京市平均出行距离由 2000 年的 8.0 公里/次增加到 2005 年的 9.3 公里/次。公共电汽车出行比小汽车出行平均距离短 4.5 公里，由于进一步综合调查数据尚未公布，这里设定小汽车出行距离为 12 公里/次，每日出行次数为 2 次（上下班），则私家车使用的支付价格约为 1.30 元/公里，按 7.5 元人民币比 1 美元的汇率近似计算，即 56 美分/2 英里。对应地，假设公共汽车票价为每公里 1 元，则对应的价格为 43 美分/2 英里。

表 4-7 北京市小汽车 2005 年平均使用费用

项目	年维修保养费用(元)	年路桥费用(元)	年保险费用(元)	小计(元)	月均油耗(升)	年油费[②](元)	2005 年总费用(元)
公车	6355.71	2399.92	4717.07	13472.70	285.64 (80.3%)[①]	12545.31	26018.01
私车	3056.19	1046.47	3237.62	7340.28	179.02 (91.5%)	7862.56	15202.84
平均	3754.59	1332.95	3550.76	8638.30	201.59	8853.74	17492.04

说明：样本包括北京城八区 1200 辆小客车，公务车 254 辆，私家车 946 辆。

资料来源：《北京市交通发展年度报告 2006》，北京交通发展研究中心，第 37～38 页。①表示样本有 80.3% 使用的是 93#汽油，后同。②实际油价有一定的波动，这里按当年 3 月的价格每升 3.66 元计算。

加上前面的时间价值部分，得到小汽车和公共汽车对应的支付价格分别为 70.4 美分/2 英里和 61.66 美分/2 英里。本书最后设定的数值分别为 70 和 60。对比美国情景的 54 和 75，欧洲情景的 70 和 65，本书设定的中国情景为：小汽车支付成本高于美国，等于欧洲，但公共交通系统的价格还略低于欧洲。

同时笔者认为中国城市交通用地投入相对滞后，不如发达国家城市交通占地比例高。因此对 L_3 和 L_4 的值做了调整，使之满足这样的假设：中国城市给小汽车的交通用地比例更小,公共交通用地单位面积上承载的乘客数更多。具体参数设定见表4-8。

表4-8 参数设定对比

相关参数	美国	中国	相关参数	美国	中国
L_3	5.25	2.50	L_4	1.00	2.50
A_3	90000	80000	A_4	100000	120000
P_{31}	0.54	0.70	P_{41}	0.75	0.60
ρ_{32}	4.5	4.5	ρ_{42}	4.5	4.5
ρ_{31}	1.0	1.0	ρ_{41}	0.75	0.5
α_2	0.20	0.20	e	1.0	1.0
r	0.0005	0.0005	A_2	0.01	0.01
ω	25	25	B_2	0.10	0.10
θ_1	1.50	1.50	R_A	1000	3000
θ_2	-1.50	-1.50	N	500000	500000
φ	6.28	6.28			

4.3.4 计算结果

在双交通模型的计算中,出于减少计算机运行时间的考虑,在对精度影响不大的情况下调高了数值计算的步长为0.01,最终模型的结果如下。在考察交通模式之间的竞争情况时,模型的解将中美城市对机动性不同的偏好表现得非常突出,对应的城市半径也相差更大。

中国城市的半径仅为美国的30%左右,城市面积仅为美国的1/10,人均交通面积仅为美国的1/5,而人口密度则是美国的10倍左右,地租是美国的3倍多。与人口密度相联系的是,美国约有83%的居民采用小汽车出行,而中国这一比例仅为35%。也就是说,在中国城市中,公共汽车乘客对小汽车的比例约为2∶1。这说明在美国城市的情况下,居民更偏好小汽车出行,而更多的小汽车出行促进了城市空间的进一步扩展。而在中国的情景下,由于居民更多地选择公共汽车,城市的空间规模和人口密度要紧凑得多。

在双交通模型的框架下,同样的城市人口规模下,中国城市占用的土地资源要少得多，换言之，中国城市以较少土地上承载较多人口。但从模型结果看，这也付出了一定的代价：中国城市的地租水平和交通拥堵水平（从包含拥堵成本的交通价格看）都更高。这是符合城市发展实际情况的。现实中采用适应小汽车发展的城市，其城市形态往往具有低密度蔓延的特征，人口密度一般要比公交城市要低，但其居民上班出行时间却较少，如前文分析中提到的洛杉矶、香港、纽约等城市，洛杉矶的平均上班出行时间明显低于后者这样的公交城市。从模型的解来看，中国情景下城市 CBD 边缘的交通价格略高于美国，约为美国的 1.16 倍。二者的不同缘于交通价格中所包含的拥堵成本，这说明双交通模型框架下中国城市的交通拥堵要严重一些。

从地租水平看，中国城市的地租水平较高。但二者地租的空间分布趋势是一致的，均是从中心向边缘呈指数递减，而且中心区与边缘区地租的比值也是近似的，均为 20 多倍：中国约为 25.2 倍，美国约为 27.9 倍。相比之下中国还略低于美国，这是因为美国城市半径更长，导致边缘区的通勤费用更高（通勤与房价需要均衡）造成的。虽然实际地租受到收入、环境、政策等对价格的扭曲影响较大，与理想市场下的情况有一定出入，不一定是向边缘严格递减，但实证分析表明地租的空间分布趋势与模型是十分吻合的。

对比双交通模型下中、美不同情景的模型的解，可以发现，市场均衡的条件下美国城市的小汽车较公共汽车更具有竞争优势，而中国城市则相反。居民的出行模式选择影响了其居住区位的选择和地租分布，形成了城市人口密度的巨大反差，中国城市要紧凑得多。因此，一个富有启发性的结论是，如果中国城市能够提供覆盖全市的良好的公共汽车服务，则在市场竞争中，城市倾向于紧凑发展；而美国城市即使提供了这样的公共汽车服务，也难以与小汽车进行竞争。但正如前文（4.1 节）所述，中国城市恰好面临了这样一个问题：城市道路建设和城市公共汽车建设（服务质量甚至比公共汽车数量更滞后）大大滞后于城市规模增长（既落后于建成区增速，也低于人口增速）。这一问题如果长期得不到改善，将改变中国城市高密度的市场均衡态，不利于城市的紧凑发展。

表4-9 双交通模型中、美情景下的解

	半径（公里）	面积（平方公里）	人口密度（人/平方公里）	人均交通用地（平方米）	$R(e)$（美元）	$P_3(e)/2$（美元）	汽车乘客比例(%)
中	6.57	135.45	11075	26.59	75483	1.2610	35.42
美	21.13	1402.73	1069	130.90	22303	1.0844	83.14
中/美	0.31	0.10	10.36	0.20	3.38	1.16	0.43

从模型解的空间分布看，地租和人口密度的空间分布与单交通模式情况下类似，但人口密度的分布出现了"火山口"现象，与上一节有所区别。这与两种交通模式的竞争有关，城市中心区小汽车乘客比例的上升，产生了一定的扩散作用。这在一定程度上，是符合这样的现象：交通拥堵使得CBD边缘区的居住密度反而下降，人口密度在较靠近CBD的地方达到最大值。这非常符合现实中的城市，不过现实中城市CBD边缘人口密度的火山口现象可能更多地来自人们对居住环境的偏好。

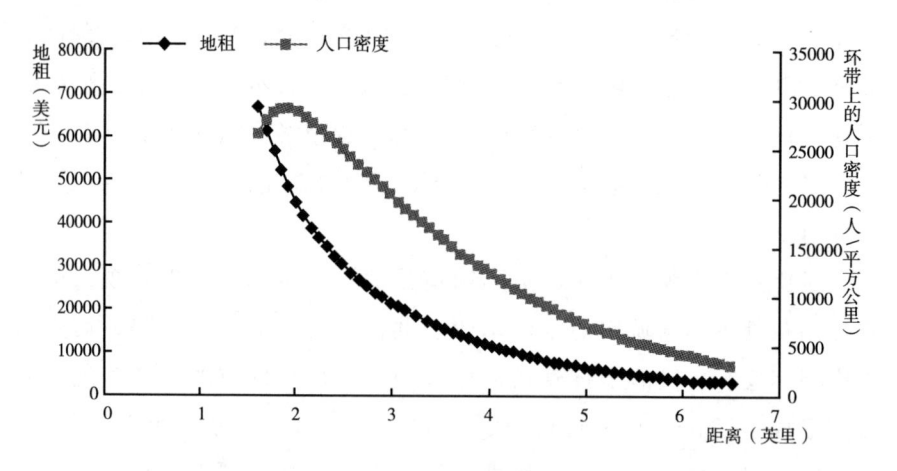

图4-11 双交通模型中国城市情景解的空间分布：人口密度与地租

从交通价格的空间分布看，越到市中心交通价格越高，说明越到市中心城市交通拥堵越严重。公共汽车支付价格较低的优势，随着拥堵成本的增加而削弱，约在3.5英里处与小汽车达到平衡，小汽车和公共汽车开始激烈竞争，小汽车逐步取得竞争优势，小汽车乘客比例更高一些，但到了市中心区附近，拥堵的进一步加剧使得公共汽车乘客比例逐步恢复。这与美国情景不同，其小汽车支付价格较低，小汽车乘客比例在外围最高，随着到市中心拥堵的加剧而逐步降低。

小汽车使用率随距离变化数据很少见，但模型关于机动车使用率的空间分布得到了一些实证研究的支持。从国外的研究看，发达国家的城市比较符合模型的美国情景。在这一情景下，从市中心到城市边缘小汽车使用呈逐步增加的趋势。实证研究表明，这一趋势在许多发达国家城市都存在。比如阿姆斯特丹从中心向外，小汽车出行的比例由27%增加到了53%。伦敦的小汽车拥有分布也从外向内减少（陆锡明，陈必壮，2006）。

中国情景模型得到的小汽车使用率随距离变化的曲线也得到了我国一些城市实证研究的支持。比如大连的机动车使用，就集中在城市中心区。但由于中国城市公共交通系统的空间扩展慢于城市空间扩展，外围缺乏交通模式的竞争，不符合模型的假设，因此解释不了机动车拥有率先下降再上升的情况。这在后面的实证分析中本书将用"被动机动化"的概念给予解释。

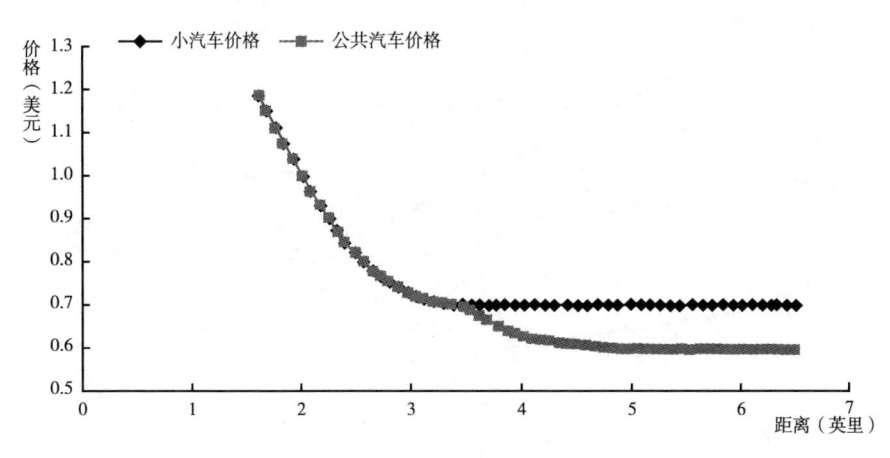

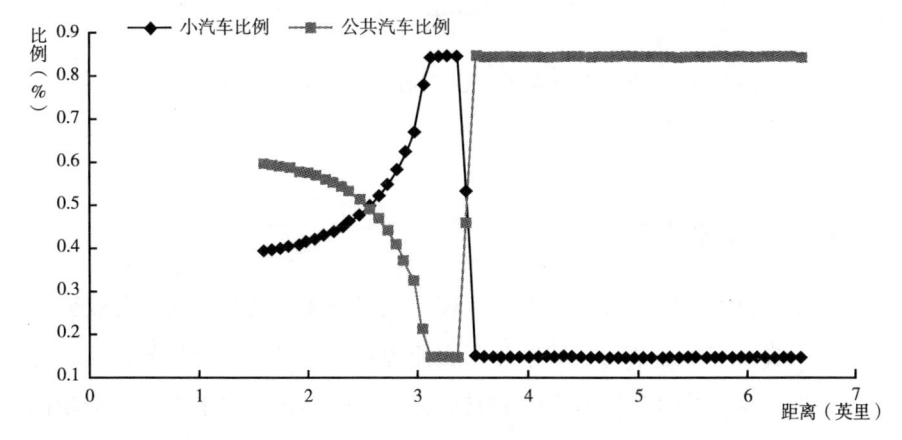

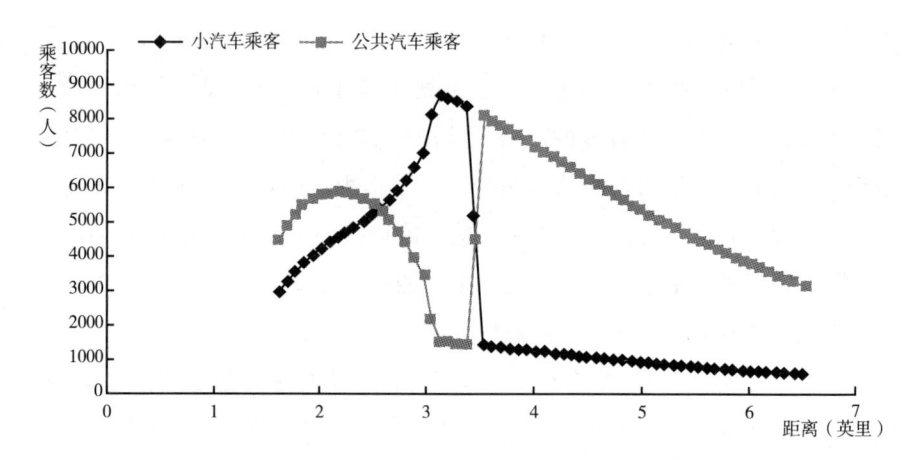

图 4-12 双交通模型中国城市情景解的空间分布：人口密度与地租

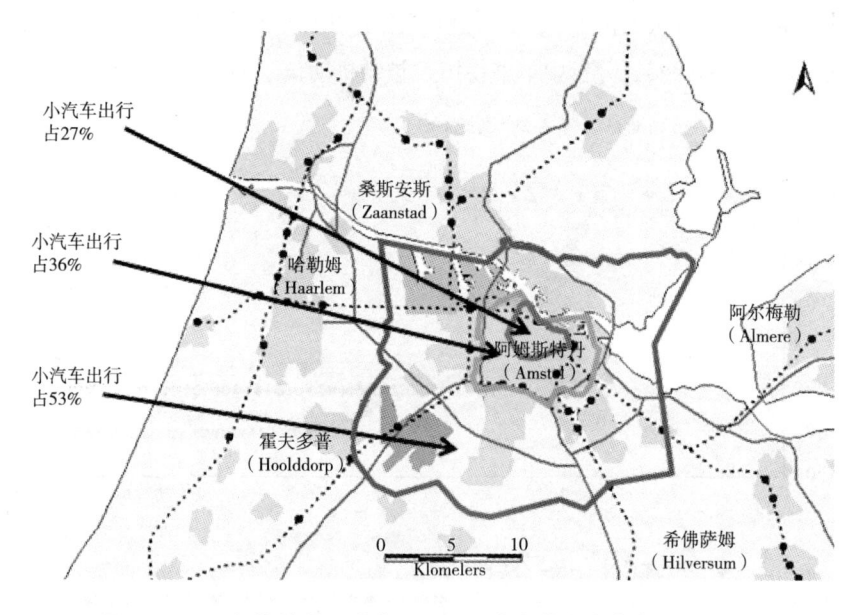

图 4-13 阿姆斯特丹距市中心不同距离上的小汽车出行比例

资料来源：MSc. Marco te Brömmelstroet，University of Amsterdam，讲座资料。

4.3.5 敏感性分析

在双交通模型中，城市的空间规模、人口密度和地租分布不但受到城市居民的收入、用地结构和城市外围农业地租水平等外生变量的控制，也受到小汽车与公共汽车价格竞争和它们各自用地的供给水平等内生变量的

图 4-14　伦敦人均小汽车拥有率分布

资料来源：陆锡明等：《城市交通战略》，中国建筑工业出版社，2006。

影响。城市居民对小汽车与公共汽车两种交通模式的选择，产生了不同的交通出行分配，影响着交通价格、城市空间规模和人口密度。双交通模型的敏感性分析更能看清在竞争性交通模式存在的情况下，各种因素是如何影响城市的。在模型敏感性分析的数值计算中步长均为 0.01。

（1）收入水平。与上一节单交通模型的敏感性分析相比，工资增长 20% 对城市空间规模和人口密度的影响仍然非常显著，总面积分别增加了 40% 和 78%，人口密度分别下降了 28% 和 44%。但双交通模型与单交通模型也有明显的区别。后者的工资增长对交通价格几乎没有影响（0.00%）；而前者的工资增长对小汽车出行比例会产生一定的影响，虽然只有不到 1% 的变化，但导致的交通拥堵和交通总价格变化超过 1%。

工资增加 20% 与工资增加 40% 均会造成小汽车出行比例的上升，这说明：工资上涨幅度越大，小汽车出行比例也越大，对应的城市交通越拥堵，但总体而言其变化幅度均不大，即在其他条件不变的情况下，收入增加更多地用于消费更多的土地，而对交通模式选择的影响不大。

人们在收入增加的时候更多地消费了住宅，而不是使用小汽车，部分也可归于模型结构本身的原因。在双交通模型的结构中，小汽车作为普通商品计入了"复合商品"之中，而住宅在预算约束中没有计入"复合商品"。小汽车使用的效用没有得到专门的考虑，因此小汽车的使用主要由交通部门情况决定，收入对小汽车的影响只能通过竞租均衡来间接地体现。

（2）农业地租水平。农业地租的影响类似于前面的单交通模式模型，同样对小汽车使用的影响也不大，农业地租变化20%引起的小汽车乘客比例变化不超过1%。

工资水平和农业地租的敏感性分析与直观的感受似乎不一致，后者多认为高收入和低农业地租下城市密度应更低，同时也就对应着高的小汽车使用水平。实际上，在严格的学术研究上，机动化水平与城市财富水平之间、机动化水平与城市密度之间的关系并没有定论，到目前仍然存在大量的争论。正如第二章提及的，统计分析的结果因为样本不同使得结论也存在差异。虽然 NK 的结论支持二者密切相关，但从英国的经验看，1970~2000 年的 30 年间，小汽车拥有量与 GDP 的相关性并不算高，而且呈现逐步下降的趋势；而汽车的行驶总里程——虽然显然受到油价波动的影响——但一直与 GDP 高度相关；总的来说，GDP 和行驶总里程的增长速率远远高于汽车拥有量的增长（Banister, 2002）。从敏感性分析看，机动化水平与城市财富和城市密度关系并不大，从外生参数的设定看，在美国情景（更高的财富水平）下机动车的使用率更高只能和城市交通道路供给相联系，这说明小汽车使用水平更多是由于城市交通供给的政策决定的。

从双交通模型的内在结构看，小汽车使用主要由拥堵情况决定，交通拥堵取决于交通供给与需求的对比。收入和农业地租的改变最主要影响了人们的住宅消费面积和城市地租水平，进而影响城市空间规模和城市人口密度，而对交通部门的供需变化影响不大，因而小汽车使用受到二者的影响很小。

许多人认为高的城市密度联系着高的公共交通使用水平,是因为他们认为高的城市密度有利于公共交通模式的运营。这实际上还是通过交通部门的供需(或者说是竞争)来分析城市的空间规模和人口密度。因此,二者从交通部门供需竞争的角度进行分析的内在思想是一致的。换言之,仔细考察交通部门各个模式竞争力所依赖的因子——比如城市密度对交通模式竞争力的影响——就能进一步改进模型。

(3)支付价格。支付价格对小汽车使用率的影响很大,进而对城市的影响也较大。小汽车和公共汽车价格20%的变化会引起小汽车使用率4%~7%的变化。但小汽车价格变化引起的城市规模和人口密度变化要远大于公共汽车:小汽车价格增加或减少20%,城市面积分别变化-12.8%和+12.6%,人口密度分别变化+15%和-11%;而公共汽车价格增加20%所对应的数值分别仅为-2%和3%,减少时候基本没有影响(不到0.5%)。

在单交通模型敏感性分析中得到的结论是,提高交通支付价格对实现城市紧凑发展的作用是较大的。这里可以进一步发现,对城市影响更大的是小汽车,提高或者降低小汽车的支付价格,会极大地影响城市的紧凑度;而降低公共汽车交通的价格,却几乎没有影响,增加公共汽车的价格对城市扩散的影响也非常有限。

非常巧的是,由于小汽车与公共汽车的初始值分别为0.70和0.60,结果在公共汽车价格上升20%(为0.72)时正好略大于小汽车(为0.70);同样,小汽车价格下降20%(为0.56)正好使得其略低于公共汽车(为0.60)。这两种情况都意味着交通模式在支付价格竞争中有优劣势的互换,都形成了小汽车支付价格优于公共汽车的局面,但二者对城市的影响差异很大,充分说明城市对小汽车价格变化的敏感性,而公共汽车与小汽车价格的对比不是最关键的因素,当然这种对比会较大地影响小汽车乘客使用数量:这两种情况下,小汽车乘客数量均增加了2%~4%。

因此,如果仅仅以城市紧凑发展为政策目标,双交通模型告诉我们,提高私家车的使用价格是一条有效的政策,而想通过降低公共汽车的价格来与小汽车竞争,进而控制城市的空间规模,其效果将微乎其微,其政策目标也不宜定为城市的紧凑发展。当然,如果降低公共汽车价格的政策目标是社会福利和社会公平，那另当别论。此时价格是降低还是提高，需要进一步考察公共交通的实际运行状况，因为提高公共交通价格可能极大地改善公共交通企业的经营状况，进而改善其服务质量，也可能达到更好的社会福利水平。

（4）城市人口规模增加的影响也是显著的。理论上，如果人均用地面积保持不变，则城市人口的增速是城市半径增速的一倍。① 按这一简单关系计算，城市人口规模增加20%，城市半径应该增加10%。但在双交通模型中，由于变量之间的相互作用城市半径增加幅度较10%的水平远小，仅增加了2.5%。结果城市更为拥堵了，交通拥堵费用增加明显，中心区交通价格增加了59%。这是符合实证研究结果的（David A. Hensher, 1998）：城市交通部门在没有成本定价方面政策影响的情况下，城市地区的净人口增加是导致交通拥堵的主要因素。此时，城市密度增加了14.3%，小汽车的使用也增加了1.3%。这说明，在城市人口规模扩大时，由于交通拥堵的加剧，更多的人会选择小汽车。

双交通模型的这一结果与单交通模型大不相同，后者在就业人口增加为60万时，城市密度增加了36.2%，而前者增加了14.3%。这是由于存在公共汽车这种竞争性的交通模式，在一定程度上缓解了交通拥堵，降低了交通拥堵成本。这在CBD边缘包含交通拥堵成本的交通价格上反映得非常明显：城市人口增加20%的情况下，后者中心区的交通总价格增加了153%，而前者仅增加了59%。

（5）交通用地供给的L指数。交通用地供给变化20%的影响包括小汽车用地增加/减少20%和公共汽车增加/减少20%，共四种情况。这四种情况的影响力度差别不大，对半径的影响均为6.6%左右。但对交通情况的影响有所不同。公共汽车用地减少对小汽车使用比例和交通总价格的影响都最大，分别达到16%和47%。公共交通用地的变化对小汽车乘客比例的影响更大一些，因此，比起为小汽车修建道路而言，扩大公共汽车

---

① 假设一个圆形的城市，其人口为 n，人均用地面积为 q，城市半径为 r。则有：$nq = \pi r^2$，整理得到：$r = (nq/\pi)^{(1/2)}$。对整理后的式子对 n 求导可得 $\partial r/\partial n = (1/2n)(nq/\pi)^{(1/2)} = r/2n$，即：$\partial r/r = \partial n/2n$。

使用的路面对于缓解交通拥堵是更为有效的措施。

（6）拥挤参数的影响。交通拥堵方程中系数变化对城市的影响不大，更多地会影响地租水平。比较突出的是，财富效应参数的变化对城市半径几乎没有影响（0.00%）。这说明小汽车乘客和公共汽车乘客对拥堵时间的财富评估，更多的是影响了交通系统。

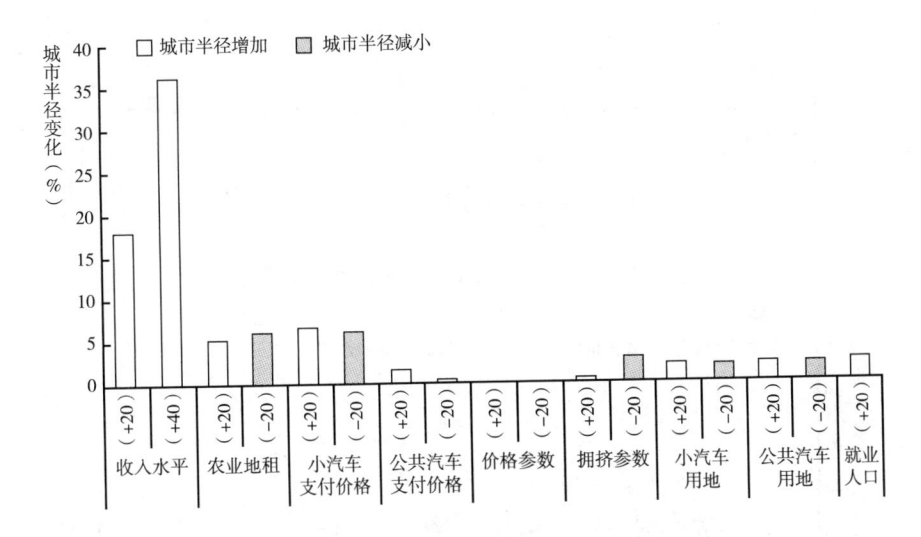

图 4-15 双交通模型对城市半径的敏感性分析

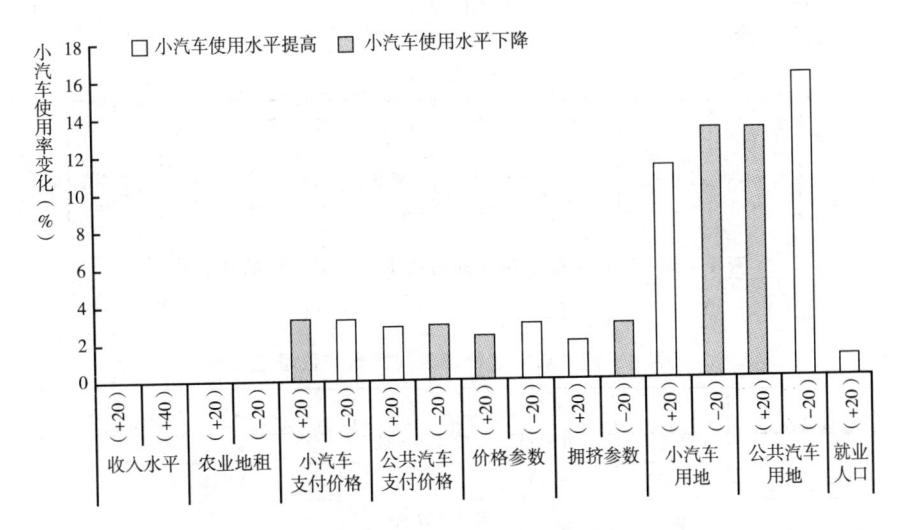

图 4-16 双交通模型对小汽车使用水平的敏感性分析

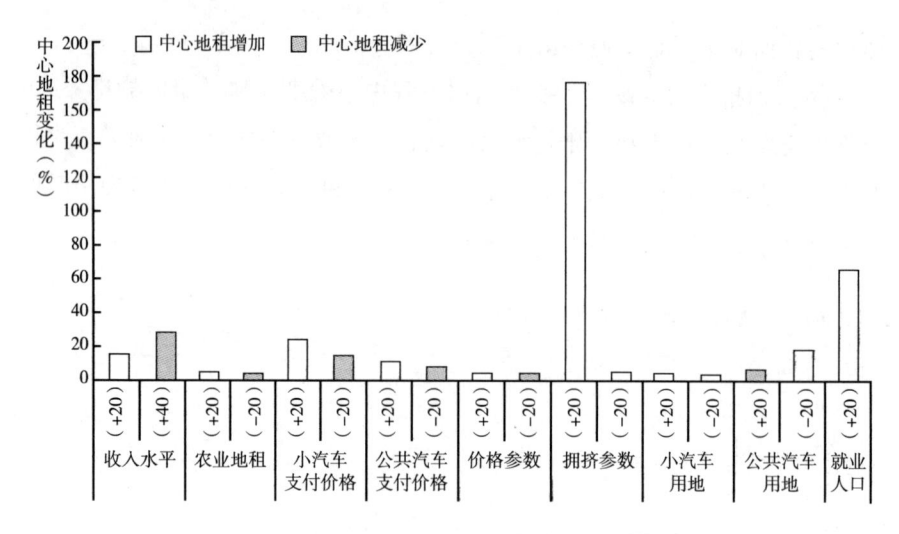

图4-17 双交通模型对中心地租的敏感性分析

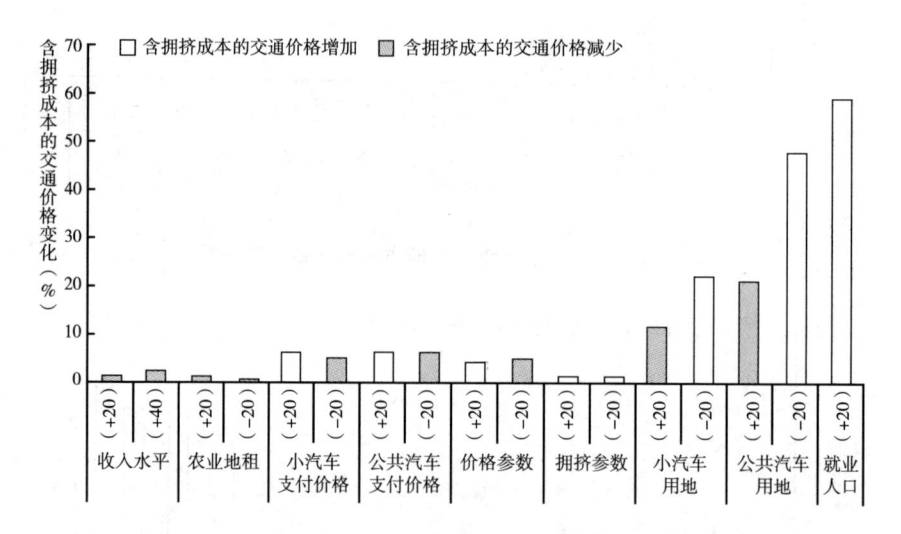

图4-18 双交通模型对含拥堵成本的交通价格的敏感性分析

表4-10 双交通模型中国情景的敏感性分析

参数设定	半径 (公里)	总面积 (平方公里)	人口密度 (人/平方公里)	$R(e)$(美元)	$P_3(e)/2$ (美元)	汽车乘客 比例(%)
初始条件	6.57	135.45	11075	75483	1.2610	35.527
敏感性分析1							
$\omega=18$ (+20)	7.74 17.89	188.25 38.99	7968 -28.05	63709 -15.60	1.2789 1.42	35.551 0.07

续表

参数设定	半径 （公里）	总面积 （平方公里）	人口密度 （人/平方公里）	$R(e)$（美元）	$P_3(e)/_2$ （美元）	汽车乘客 比例(%)
$\omega = 21$	8.92	249.73	6007	54680	1.2889	35.564
(+40)	35.78	84.37	-45.76	-27.56	2.21	0.10
敏感性分析2							
$R_A = 2400$	6.95	151.85	9878	72861	1.2519	35.514
(-20)	5.88	12.11	-10.80	-3.47	-0.72	-0.04
$R_A = 3600$	6.26	123.12	12183	77506	1.2623	35.529
(+20)	-4.66	-9.10	10.01	2.68	0.10	0.01
敏感性分析3							
$P_3 = 0.84$	6.13	118.11	12700	92462	1.3354	34.360
(+20)	-6.62	-12.80	14.68	22.49	5.90	-3.28
$P_3 = 0.56$	6.97	152.55	9833	65713	1.2030	36.697
(-20)	6.13	12.63	-11.21	-12.94	-4.60	3.29
$P_4 = 0.72$	6.49	132.15	11351	83464	1.3365	36.531
(+20)	-1.23	-2.44	2.50	10.57	5.99	2.83
$P_4 = 0.48$	6.58	136.11	11020	70633	1.1838	34.462
(-20)	0.25	0.49	-0.49	-6.43	-6.12	-3.00
敏感性分析4							
$\rho_{31} = 0.8$	6.57	135.45	11075	73027	1.2027	36.581
(-20)	0.00	0.00	0.00	-3.25	-4.62	2.97
$\rho_{31} = 1.2$	6.57	135.45	11075	77711	1.3129	34.669
(+20)	0.00	0.00	0.00	2.95	4.12	-2.42
敏感性分析5							
$\rho_{32} = 3.6$	6.55	134.78	11129	79110	1.2689	34.457
(-20)	-0.25	-0.49	0.49	4.81	0.63	-3.01
$\rho_{32} = 5.4$	6.58	136.11	11020	207837	1.2718	36.270
(+20)	0.25	0.49	-0.49	175.34	0.86	2.09
敏感性分析6							
$L_3 = 2.0$	6.45	130.84	11465	77882	1.5345	30.836
(-20)	-1.72	-3.40	3.52	3.18	21.69	-13.20
$L_3 = 3.0$	6.69	140.81	10653	77867	1.1112	39.519
(+20)	1.96	3.96	-3.81	3.16	-11.88	11.24
$L_4 = 2.0$	6.44	130.19	11522	87399	1.8552	41.222
(-20)	-1.96	-3.88	4.04	15.79	47.12	16.03
$L_4 = 3.0$	6.69	140.81	10653	71547	0.99297	30.851
(+20)	1.96	3.96	-3.81	-5.21	-21.26	-13.16
敏感性分析7							
$N = 600000$	6.73	142.17	12661	125056	1.9987	35.986
(+20)	2.45	4.96	14.33	65.67	58.50	1.29

注：模型求解中数值计算的步长取值为0.01。

4.4 小结

本章首先用米尔斯模型考察了在市场条件下各种外部条件如何导致小汽车城市的空间规模和城市密度变化，进而引入了公共汽车这一竞争性的交通模式，进一步考察了各种外部条件对小汽车使用和城市空间规模的影响。本章根据实证研究成果，参照国外统计数据和可比的典型城市，提取了中国城市交通的关键性参数，进行了模型模拟。虽然城市用地还包括其他类型的用地，但CBD、居住和交通是城市用地的主要部分，因此模型仍然有很强的解释力。

4.4.1 主要结论和政策启示

城市密度及其背后所体现的土地利用效率一直是学者、规划师和政策制定者关心的热点。由于交通系统与城市土地之间的复杂互动关系，存在对城市密度和城市交通（及其背后所体现的能源消耗）不同的政策取向：有的主张直接地改革城市交通，有的主张通过对城市的改造以促进其紧缩化，并间接地实现改善交通的目的。中国这方面城市政策的学术争论更为激烈，重要原因之一是对人均城市建设用地这样的基本指标存在不同的数据来源（仇保兴，2006）。但抛开数据本身的争论，这些政策研究几乎都引用国际对比来分析中国城市的密度"偏高"或者"偏低"。这不但面临基础数据可疑的尴尬，而且不同的城市其密度的形成是一个长期的历史过程，简单的数据比较缺乏对城市所处环境的考虑。因此，借助一定逻辑框架的模型进行分析是一个有效的工具。

本章采用模型分析规避了城市交通数据的限制，并提供了一个政策分析框架。该模型综合考察了经济水平、交通技术、人口以及农业用地价格等因素对城市规模和城市密度的影响。从数值分析的结果看，城市空间规模增长和人口密度的下降从模型看是个难以扭转的趋势，因为收入、人口和交通供给总是不断增加的，而这些因素在敏感性分析中都会较大地增加城市用地并降低人口密度。这一点得到了世界各国城市人口密度变化实证研究的支持，1960～1990年，美国城市人口密度下降了20%，加拿大下降了33%，西欧国家下降了30%，澳大利亚下降了32%，日本下降了不到18%（丁成日，宋彦等，2005）。更多城市人口密度的变化情况见表4-11。

政策设计长期来看需要符合人们的市场行为规律，完全抵制个人偏好的政策行为是短视的，而且经常被证明是无效的。本章的研究表明，城市规模的扩张在某种程度上是无法避免的，而小汽车的普及将较大地刺激城市规模的扩张和人口密度的降低。简单限制城市空间规模的政策将难以取得好的效果，即使是像路易十四这样使用强有力的皇家法令手段，也被证明了不能对抗城市（巴黎）的扩展（肯尼思·科尔森，2006）。模型表明，恰当地引导人们选择合适的交通模式，就能在一定程度上塑造一个合适的城市空间规模和人口密度。

表4-11 城市人口密度变化的全球对比

城 市	1960年（人/平方公里）	1990年（人/平方公里）	1960~1990年的变化（%）
东京	8565	7097	-17
纽约	2878	2086	-28
巴黎	6860	4614	-33
伦敦	6539	4232	-35
底特律	1970	1275	-35
旧金山-奥克兰	1640	1602	-2
华盛顿	2046	1373	-33
墨尔本	2028	1491	-26
汉堡	6827	3982	-42
维也纳	9141	6830	-25
布里斯班	2095	978	-53
哥本哈根	4952	3467	-30
阿姆斯特丹	9973	5591	-44
苏黎世	5998	4708	-22
法兰克福	8722	4661	-47

资料来源：UNPD，World Urbanization Prospects：the 1999 Revision。

在我国现实的情况中，随着经济的发展和城市化经常的继续，最可能发生的是：城市居民工资水平不断提高、城市道路用地水平不断提高、城市人口不断增加。考虑到国家人口众多和耕地紧张的现实，实现城市高密度发展已经成为国家可持续发展战略的一部分，这也是为什么近年来紧凑城市成为规划界积极倡导的规划理念。

模型为政策制定提供了一个有效的分析框架。其中交通价格控制和农用地价格控制在敏感性分析中被证明了是比较有效的手段。而一个符合"黑洞理论"的结论是：道路建设的作用则不那么明显。虽然与国外相比，中国的道路建设总体水平还较低，城市道路网络还很不完善，70%的城市都没有形成城市干道网系统。城市道路建设还需要进一步加大投入，形成良好的道路设施网络。西方发达国家的交通用地比例很高，一般城市都在30%左右，有些城市高达40%~50%，而中国目前的交通用地一般小于15%。如北京五环内道路网密度仅为2.8公里/平方公里，大大低于伦敦8.63公里/平方公里的水平（这也是第四章的双交通模型中将中国星形道路网络的L值设定比美国低的现实根源）。但是，正如模型所揭示的那样，增加道路供给的结果却引起小汽车使用的增加，这一结果是符合黑洞理论的。从敏感性分析看，道路供给的增加引起城市密度下降与紧凑发展的目标是不一致的，因此，如果政策的目标是紧凑发展，那么，在增加道路供给的时候，需要有相关的政策来抵消其对城市密度的影响，而不应该是一项单独的政策。

交通系统的建设在后面还会谈到，这里主要强调一下农用地控制对中国城市发展和国民经济的意义。近年来，控制耕地政策出现了失控的势头。1997~2004年全国非农建设年均占用耕地面积20.24万公顷，这一数字在1991~1996年是29.33公顷；2003年全国违法土地行为涉及土地面积102万亩（6.8万公顷），其中耕地49.5万亩（3.3万公顷），当年新发生的涉及土地面积53.33万亩（3.6万公顷），其中耕地26.7万亩（1.78万公顷）。另外根据遥感实测，北京等地区可能存在实际建设用地量是计划批地量的3倍以上这种情况。而2006年前5个月违法土地涉及面积达1.22万平方公顷（25153起）（仇保兴，2006）。

而农用地占用之后的使用情况，主要还是用于居住和交通，比较符合模型的框架。以北京为例，1999 年以来，北京土地资源消耗平均增长速度高达 73.4%，远远超出同期经济增长的速度。征用土地中农用地比例最高；土地征用后的用途，37%用于住宅建设，23%用于交通建设，二者共计占了 60%（崔凤安，2006）。

因此，如果任由农用地被占用，等于降低了农用地的实际价格。而根据双交通模型，农用地价格降低 20%，城市人口密度将下降 11%。因此，维持农用地价格，应该成为一条重要的国策，不但对于农业部门有重要的意义，对于实现紧凑城市和城市可持续发展都是非常重要的。

4.4.2 模型未来的扩展方向

尽管双交通模型是一个有力的分析工具，但也存在一定的不足，削弱了模型的解释力。比如，在效用函数中，复合商品包含了交通支出，把这种消费与其他消费品等同了起来。而实际上，城市居民在交通上的支出一般位于所有支出中的第二位，并且这种支出与其他支出的性质很不相同，它反映着人们的出行和生活空间。不同的交通支出意味着不同的空间概念。因此，在消费函数中，有充分的理由把这一变量抽象出来——但很奇怪，以往的研究者过于注重住宅区位的选择，而忽略了居民在消费中对于出行方式、出行距离的选择（Banister, 2002）。因此，不应在模型中将这种支出与其他商品混淆起来，变为一种含糊的复合商品。当然，在模型中分离这一变量会大大增加模型的复杂程度。比如必须就此修改关于居民单一效用水平的假设，原模型中仅仅包括一种收入水平和对应的效用水平，显然不同的机动车拥有水平应该对应不同的收入水平。

另外一个发展的方向是关于住宅市场的分析。米尔斯在阿朗索模型的基础上引入了住宅市场，但对住宅仅仅假设为消费市场是不符合实际的。房地产市场还是一个投资市场，这是房地产市场一个非常重要的特征，往往极大地影响市场的供需运行，也会影响人们的住宅区位选择（Denise D. Pasquale, William C. Wheaton, 1996）。因此，模型引入房地产资本市场（预期等）因素，将是非常有价值的。显然，这将使得模型不得不引入动态分析，考虑到预期以及城市发展的难可逆性。

多效用和动态模型的建设已经有了一定的进展，这在第二章已经有所综述。但由于模型的复杂度大大增加，进行数值模拟和敏感性分析的研究还有很大难度。但这是未来的发展方向，而且考虑到中国城市发展迅速，引入动态和多效用的模型研究人们居住和交通模式的选择，能对城市与交通之间的适应性和滞后性进行分析，这些问题是难以在双交通模型下进行考察的。

第五章
机动化对城市空间结构影响的实证分析

城市空间结构具体概念因学科和学者的不同，其表述也存在一定的差异。本章研究的重点是从交通组织的角度看城市活动在空间的分布格局。尽管关于多中心的研究逐步兴起，但多数关于这一领域的研究仍然以单中心理论为基础。中国城市多数仍然具备单中心模型的特征，故前一章的分析是本章的基础，但由于现实中存在大量不符合模型假设的情况，本章更关注从实证的角度考察前面所不能解释的空间现象。

5.1 小汽车的特殊性及其对城市结构的影响

交通模式不但影响着城市的规模，也对城市结构有极大的影响。与以往的交通技术进步相比，汽车对城市结构的影响更为深刻和广泛，因为汽车的普及更具有革新性。这里首先从空间组织方面和经济外部性两个方面的特殊性分析汽车对城市结构的独特影响。

5.1.1 点到点的空间组织模式

这种革新首先体现在交通的空间组织上。汽车与以前交通模式相比的一个根本不同之处在于：它几乎彻底地消灭了步行，是一种点到点的交通方式。传统的城市交通组织方式无一例外都需要步行到站点以实现中转，城市因此得以维持一种有序的空间结构。故这种本质不同于传统城市公共交通的组织方式，使得汽车对城市形态产生了结构上深刻而广泛的影响：它破坏了围绕站点的组织形式和土地混合利用。

在对城市结构的影响上，小汽车不但具有本质上不同于传统交通模式的作用方式，而且其力度非常的强烈，这种强烈的影响力缘于小汽车在交通成本和服务质量上所具有的优势。在服务质量上，对乘客而言，一方面这种直达服务节约了大量的中转等待时间，效率更高，加上小汽车的速度更快，小汽车在时间上更具有优势。尤其发展中国家，公共汽车设施水平较低，行驶速度不高，在小汽车与公共汽车的出行平均距离却相差不大的情况下，小汽车的门到门出行时间仅为公共汽车的1/2。另一方面小汽车的舒适度较高，具有较好的个人空间，因此小汽车这种交通模式更能吸引乘客。

表 5-1 发展中国家城市小汽车和公共汽车的出行时间

单位：分钟

城　　市	公共汽车出行时间	小汽车出行时间	出行时间差	统计年份
阿尔及尔	56	30	26	1990
加拉加斯	54	36	18	1982
墨西哥城	50	35	15	1994
圣保罗	56	28	28	1997
北　　京	—	—	24.3	2005

资料来源：北京数据来源于北京市第三次交通综合调查；其他来源于：Vasconcellos, Eduardo Alcantara de, Urban transport, environment and equity: the case for developing countries, UK and USA: Earthscan Pulications Ltd, 2001. p. 21，出行时间指所有门到门出行的平均时间。

5.1.2 规模经济特性与负外部性

小汽车消灭了以前交通技术所要求的规模经济，无论航空、港口，都不能在城市无序复制，所以城市集聚于交通节点，而不是相反。而汽车减小了交通成本，使得工作和居住在地理上可以更加分离，使就业扩散。

虽然汽车诞生之后很长时期内是属于奢侈消费品，而不是重要的交通工具，但在1908年汽车工业出现了里程碑式的革命：在这一年福特T型车诞生了。从此，以流水线为标志的大规模生产使得汽车的价格剧烈下降，到20世纪20年代汽车价格就可以被大多数美国家庭接受了。汽车的出行成本也逐步取得了优势：20世纪初路面电车通勤者约有20%的工资收入花费于上班出行，而80年代城市小汽车通勤者的这个比例仅为7%

(Hanson，1995)。汽车因其快速和舒适的优势得到了迅速的普及，欧美等发达国家汽车很快就成为群众运动，进入了千家万户，成为一种主要的城市交通模式。

但是，小汽车市场优势的代价是昂贵的负外部性和网络整体效率。一般而言，越是吸引乘客的交通网络，其网络运营者的成本越高（O'Kelly，1998）。汽车构建了一个用户吸引系统（User Attracting Systems），同时也产生了明显的负外部性。大量的争论也来源于此，大量使用这种私人交通累计的负外部性也是很明显的，很多城市病都被归结到小汽车，尤其是高峰堵车、土地和环境问题、社会隔离问题等。

5.1.3 发达国家的城市案例

发达国家首先遭遇了小汽车普及对人们的空间观念的冲击，小汽车普及对城市形态带来了结构性的影响。由于小汽车能够促进城市扩展，从而缓解城市高密度的种种问题，西方发达国家最初对小汽车持欢迎态度；而对于小汽车化带来的交通拥堵，一度广泛认为低密度是一种解决方案，比如凯文·林奇就认为"拥堵必定不会出现在低密度的、广阔的、多中心的城市里，即使是非常大的城市"（凯文·林奇，2001），结果过度的机动化与郊区化进程一起带来了城市蔓延，造成城市各个部分的功能趋于单一化，而城市空间规模则更大，出现大片完全独立的住宅区、购物中心和工业区。芒福德对小汽车带来的城市问题有深刻的阐述（刘易斯·芒福德，2004）：

> 郊区的发展只要受到两个火车站之间的距离和步行距离的限制，郊区就能保持一个结构形式。但是，汽车破坏了步行距离尺度，而且使得郊区化成为无序的群众运动，破坏了城市和郊区的环境价值，产生了一种单调乏味的替代物，没有结构形式，城市的各个组成部门分散在整个郊区，各种功能空间上分隔而无联系，各部门各单位变成极端的单一化：被分隔开的居住区里，全是住宅，没有商店；被分隔开的购物中心里毫无工业；被分隔开的工厂里没有进餐设施，除非老板提供。

这种机动化无限发展的模式以美国最为典型。在美国，小汽车还承载了个人主义和"移动"文化（A Culture of Mobility），因此小汽车甚至可以看做是美国文化的一个特有标志（Cullingworth，2003）。美国小汽车化最典型的城市是洛杉矶，小汽车造就了洛杉矶独特的城市化方式。洛杉矶在不到4000平方公里的洛杉矶盆地里，低密度蔓延为占地1200多平方公里、人口1600多万的大都市区。其市中心很弱小，房屋高度也不高。支撑城市和小汽车的是密布的高速公路，洛杉矶拥有全美最宽最繁忙的高速公路，被称为美国的"高速公路之都"。

早在20世纪30年代，洛杉矶已经至少有80%的出行依靠汽车，产生了以汽车为主的新的交通出行结构。由于汽车的增长远快于道路建设，洛杉矶很快就成为一个车多路少的城市，出现了汽车交通拥堵。这种交通拥堵的空间分布也与以前不同，是一种新的交通分布形式。洛杉矶郊区活动增加直接刺激了郊区的交通量，阻塞开始出现在外围的商业区。1938年的一份研究指出，洛杉矶的交通流不再是放射状地大量集中到市中心，而呈现更为随机的矩形交通流，即郊区到郊区的交通流，产生了大量的交叉，导致了交通阻塞和行人的危险。小汽车交通开始成为洛杉矶政府必须面对的问题。二战后洛杉矶的城市蔓延继续加强，1960~1970年，在汽车和高速路推动下城市蔓延，洛杉矶都市区（Los Angeles Metropolitan Area）郊区化的分散趋势明显，都市区内（指河边县、橙县、圣伯纳迪诺县、文图拉县、圣迭戈、洛杉矶县六个县）CBD的人口和就业分别减少了49.9%和26.1%。

这种随机蔓延的城市结构一出现，就引起了当时地理学家和城市学家的浓厚兴趣，也提出了许多疑问，比如地理学家纳尔森（Nelson）："洛杉矶预示着一个新的、现代的城市化趋势，还是仅仅是一个处于非典型地区过渡时期的奇怪而独特的城市？"城市历史学家费希曼（Fishman）则问道："1930年代的洛杉矶预示了世界所有大城市未来的分散化、多中心化，还是一个反常？"①

---

① Automobile city? Transport and the making of twentieth-century Los Angeles, Ralph Harrington, http://www.greycat.org/papers/losang.html.

洛杉矶先于世界其他城市和地区的机动化及其城市演变在很大程度上代表了一种发展模式。随着 20 世纪 40 年代以来汽车的普及成为世界性的趋势，机动车的增长速度明显快于人口的增长速度，北美的许多城市跟随着洛杉矶的道路前进，欧洲城市受到的影响也很大。

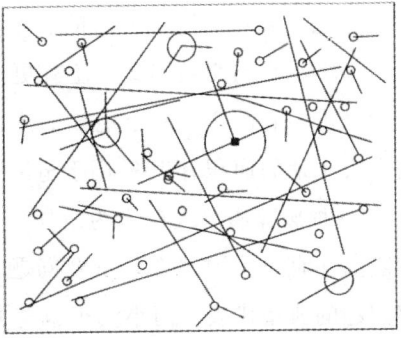

图 5-1 蔓延城市与紊乱的汽车交通流

资料来源：Dorothy Peyton Gray Transportation Library，http://www.metro.net/about_us/library/transit_history.htm。说明：左图为 1929 年洛杉矶高速机动化下市区的城市蔓延形态。右图表示了洛杉矶城市蔓延下城市交通运动的随机模式：圆圈代表地点，线代表运动。

表 5-2 洛杉矶机动化的先行

单位：辆/千人

年 份	1900	1908	1910	1915	1920	1925	1930	1935	1940
洛杉矶	0.005[1]		1.9[2]	122.0	277.8	555.6	666.7	625.0	714.3
美 国	0.1		5.0	23.2	76.4	150.9	187.2	177.4	208.3
英 国		福特式大规模汽车生产开始	4.0		17.2				
法 国	0.2		2.3		6.1				
德 国	0.02		0.8		1.8				
纽 约	0.4		6.5		38.5				
华盛顿	0.3		19.2		76.9				

资料来源：美国和洛杉矶的数据来源于：Clay McShane, Down the Asphalt Path: the Automobile and the American City, New York: Columbia University Press, 1994, p.105；其他数据来源于：Scott L. Bottles, Los Angeles and the Automobile: the Making of the Modern City, Berkeley & Los Angeles, CA: University of California Press, 1987, p.93。注：每千人注册汽车数量。其中 1 和 2 处的洛杉矶数据用加利福尼亚州的数据代替。可见 1908 年福特制大规模生产降低汽车成本后，洛杉矶机动化迅速启动，远远先于其他国家和地区。

但现在看来，洛杉矶的发展模式带来了许多问题，主要有以下几个方面的负面影响：

1. 土地利用效率问题。小汽车造成的低密度意味着土地对人口容纳能力的浪费。美国1930年的普查表明，洛杉矶的人口密度仅为每平方公里606人，而纽约和芝加哥分别是每平方公里1674人和每平方公里1502人。这就意味着土地对人口的容纳效率上，洛杉矶只有纽约的36%。而且由于小汽车的交通模式，还有更严重的土地用于交通功能造成的浪费。洛杉矶市中心区2/3的土地被街道、快速路、停车设施和修车厂所占用，而全市土地的面积有30%用于道路（田鸿宾，2003）。

2. 种族隔离。人口因为阶层、种族和收入不同而在空间离异而形成的隔离一直是美国城市的重要问题。1992年闻名世界的洛杉矶骚乱是隔离问题的典型代表，而小汽车也与其有密切的关系。据美国学者的研究，随着小汽车的普及，洛杉矶富人和穷人之间的空间距离更大了，从微观隔离（街区层次的分化），演变为典型的宏观隔离（Boone，1998）。

3. 交通安全。1970年，洛杉矶的280万人口中，有429人因车祸死亡，52823人受伤。死亡人口90人中有1人死于路上，平均每人一生之中至少有一次会因为车祸受伤（汤姆逊，1982）。

4. 环境问题。1952年洛杉矶出现了"光化学烟雾"，一般人出现眼睛红肿、流泪、喉痛、胸痛和呼吸衰竭等现象，65岁以上的老人有近400人死亡。原因是废气经太阳紫外线照射后发生光化学反应，产生浅蓝色的有毒烟雾。废气的主要来源就是当时洛杉矶的250万辆汽车，它们每天排放1000多吨有害气体。

5. 能源问题。美国20世纪50年代时城市化与机动化叠加，出现了严重的"郊区化"现象，即城市密度相当低。城市密度的急剧下降，造成了巨大的能源浪费。如美国与德国、丹麦与瑞典等欧洲国家在人均收入方面相差不大，但因城市人口密度低，汽车使用率是欧洲人的3倍以上，导致人均能源消耗比他们高出1倍以上。

随着发展中国家的经济增长，越来越多的发展中国家开始面临机动化与城市化的问题。发展中国家的城市化往往导致城市的地理蔓延，最终的平均旅程长度有时还要大于发达城市。比如内罗毕和墨西哥城，前者平均旅程为 2.4~4.5 公里，而后者为 5.6~10.0 公里（肯尼思·巴顿，2002）。发展中国家在机动化与城市化问题出现的时候，面临的城市问题和交通问题有时候比发达国家要严峻得多。

但直接照搬发达国家目前对小汽车的评价也是不全面的，缺乏对发展历程的综合考察。比如美国目前面临了城市蔓延的种种问题，许多人指责小汽车造成了城市密度过低，这些注重了对目前过度小汽车化的研究，忽略了小汽车在城市发展中起到的积极作用。正如福斯特（Foster，1981）在论著中指出的那样，即使对于人们是否偏好低密度还不明确，但可以肯定的是，小汽车出现时代的城市，面临的主要问题是城市密度过高带来的城市问题，而不是低密度造成的问题。从这个角度看，小汽车提供了一种有效的方式来缓解城市问题，促进了城市密度的降低，在这一历史时期是受到城市居民、政府和规划师欢迎的。或许这一历史发展视角的研究对发展中国家更有价值。中国的机动化才起步，对小汽车的评价不能简单借鉴发达国家目前对小汽车的评价，应该考察小汽车在发达国家城市发展中起到的作用，更应该从本国发展的特殊性，并从可持续发展的角度正确认识小汽车。

5.2 郊区化与机动化的相互影响

5.2.1 居住与就业郊区化：以北京为例

在我国一些大城市，已经开始出现居住与就业的郊区化。近年来，城市结构上最重要的变化之一是中国特大城市已经开始了郊区化进程。一般认为中国城市的郊区化起于 20 世纪 80 年代，北京、上海、广州、沈阳、大连、杭州等城市都被界定进入了郊区化的进程（周一星，1999）。本节将以北京市为例，讨论郊区化与机动化之间的关系。本节对北京的市区与郊区界定如下：市中心包括内城 4 区，即东城区、西城区、原宣武区、原崇文区；近郊区包括 4 个区：石景山区、海淀区、朝阳区、丰台区；远郊区包括 10 个区县：房山区、门头沟区、通州区、昌平区、顺义区、大兴区、怀柔区、平谷区、密云县、延庆县。

5.2.1.1 居住郊区化

关于北京市郊区化的研究已经很多。从居住人口的统计看，北京市存在明显的人口郊区化，且在 20 世纪 80 年代以后开始加快。90 年代以来，北京市中心城区人口外迁规模日益加大，1982~1990 年中心城区人口减少了 8 万人，年均递减 -0.43%；1990~2000 年人口减少了 22 万人，年均递减 -1.00%，2000~2004 年年均递减 -0.77%。同期，北京市郊区的人口明显增加：近郊区人口增加最为明显，1982~1990 年增加了 115 万人，90 年代增加了 240 万人，远郊区的增速比较稳定，分别增加了 52 万人和 57 万人（冯健，2004）。

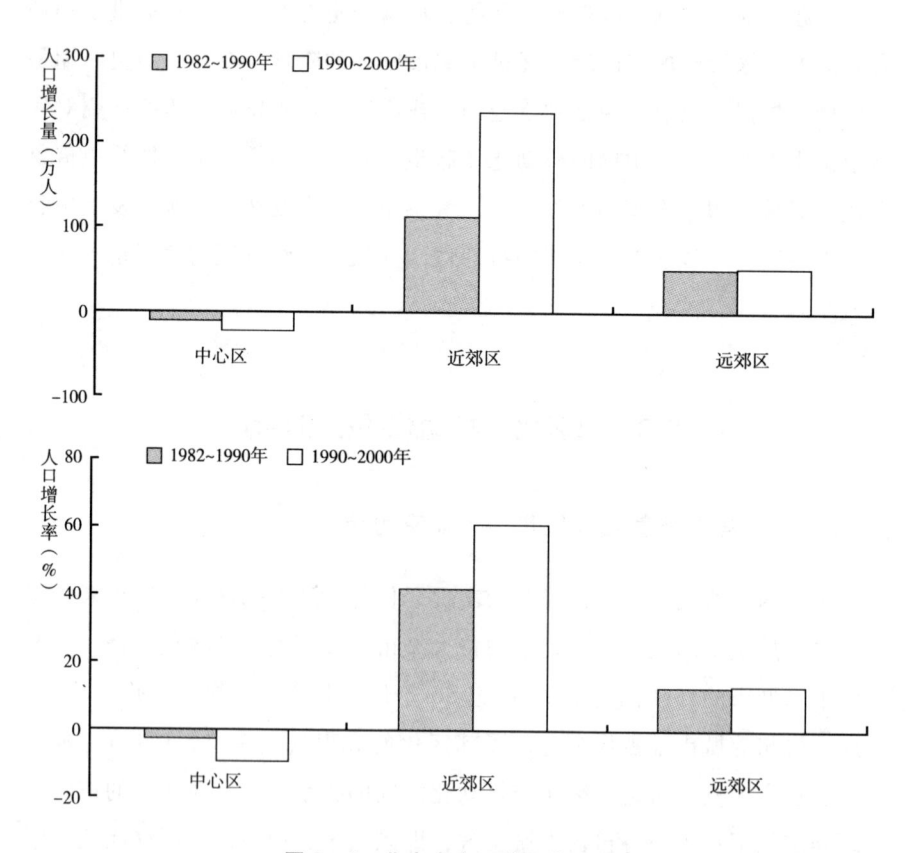

图 5-2 北京市人口郊区化进程

资料来源：冯健、周一星等：《1990 年代北京郊区化的最新发展趋势及其对策》，《城市规划》2004 年第 3 期，第 13~29 页。

从房地产的投资和建成面积看，居住郊区化的趋势也是明显的。1996~2003年，中心区的房地产投资从总量的51%下降为21%，而近郊区从42%上升为56%，从房屋竣工面积看，中心区同样呈下降趋势，从39%下降为16%，而远郊区增加最为明显，从11%提高为34%。整体而言，中心区比重下降、郊区住宅开发力度明显增强是一个明显的趋势。

从已有的研究看，机动化与郊区化之间存在一个复杂的互动关系。随着郊区化进程的加速，城市活动变得更为分散。为一个空间分散的市场服务时，公共交通工具的效率很低，促使郊区居民使用更多的小汽车，加快了机动化进程。以北京为例，90年代以来，郊区化与机动化相继加速，城市交通拥堵问题迅速恶化，公共交通的竞争力越来越明显地低于小汽车。根据北京市交通综合调查数据，20世纪80年代到1995年公共电汽车的平均运送速度从12~14公里/小时下降到了5~10公里/小时，下降了约42.3%，而1990~1995年客车行驶速度下降了仅15.6%。到2005年，北京公共电汽车出行比小汽车出行平均距离短4.5公里，但时间耗费却超出其24.3分钟；地铁与小汽车的平均出行距离相当，但时耗增加

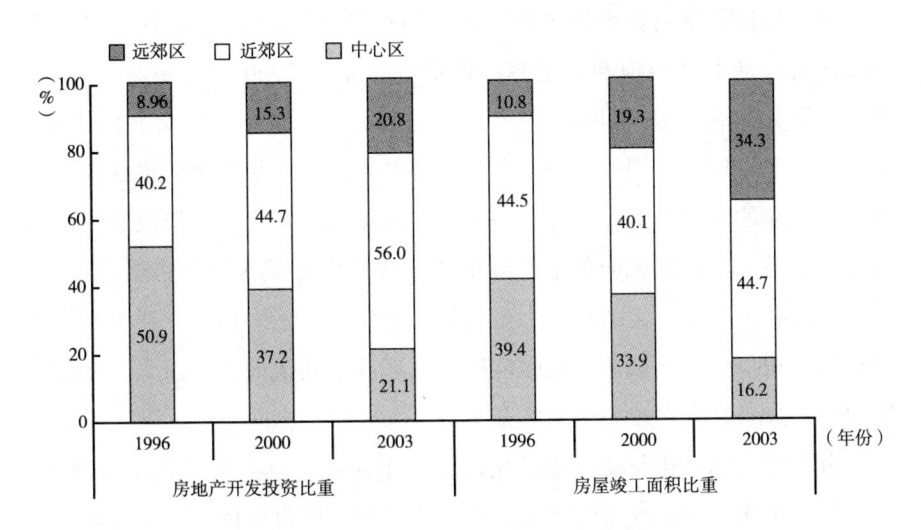

图 5-3 北京市房地产开发郊区化趋势

资料来源：北京市统计信息中心，历年《北京市房地产研究报告》。

36.3分钟。① 虽然小汽车的出行时间也因为拥堵增加了，但显然小汽车是一种更具有竞争力的交通模式，这是北京市机动化加速的一个重要原因。

5.2.1.2　就业郊区化

北京就业的空间分布变化与居住人口变化有显著的不同，最典型的是近郊四区（朝阳、海淀、丰台、石景山）的变化，出现明显的就业郊区化滞后于居住郊区化的现象。从在岗职工的空间分布看，近郊四区的人口虽然增幅和增量都显著高于其他地区，但在在岗职工就业上却呈现完全不同的变化：绝对量和比重都没有增加。甚至，就业占整个地区的比重反而在一些年份有所回落，尤其是2000年之后呈现持续的但强度很小的下降趋势：从2000年的51.33%下降到了2005年的47.63%，到2006年才开始略有反弹，为48.60%；从绝对量来看，2000~2006年该地区的就业绝对量呈现波动和恢复的特征，但也没有达到1995~2000年之间的最高水平。对比北京近郊四区的居住郊区化进程，其就业郊区化进程明显滞后：居住人口在1990~2000年间的年均增长率达到4.82%，远高于中心区的-0.99%和远郊区的1.21%；而在岗职工1996~2006的年均增长率却为-0.07%，中心区为2.47%，远郊区为3.66%。

中心城区就业占整个地区的比重在2000年前基本稳定，这可以用中心城区就业基本已经饱和来解释。但这一比重从2000年开始逐步下降，而且，更为显著的是，2000年中心区的就业绝对量有一个明显的下降，之后又趋于稳定——即使认为下降的趋势并未改变，从数据看也仅仅是微弱的且波动的下降趋势。对此，一方面，可以用北京产业布局政策的变化来解释，另一方面，说明单中心城市的发展对中心城区的压力已经过大，市中心区各种因素产生的扩散力量开始强于集聚力量。但注意到中心城区的土地面积很小，其就业承载强度仍然远远高于其他地区，因此，北京市区的就业分布具有单中心结构的基本特征。

由于居住郊区化与就业郊区化的时空不匹配，就业郊区化相对滞后，造成了上班通勤对小汽车的需求。以北京为例，城市居住郊区化对机动车

---

① 资料来源：《北京第三次交通调查乘公交比开车多费24.3分钟》，北方网，http://news.enorth.com.cn/system/2007/03/02/001563705.shtml。

购买有明显的刺激作用。2000年以来，北京市居民购车的原因中，以"上班或工作需要"样本所占比例最大，达62.2%。

随着我国大城市逐步进入郊区化发展阶段，北京市这种职住分离的情况在其他大城市也不同程度地存在着。比如已有研究指出，上海市的职住分离可能更严重，2005年市民通勤距离达到了30.2公里，这一长距离通勤的形成原因则比较类似：上海中心区居住开发空间极化，与产业空间极化错位（顾翠红，2008）。由于私家车在速度上的优势，这样的职住分离，无疑增加了潜在购车居民人数。

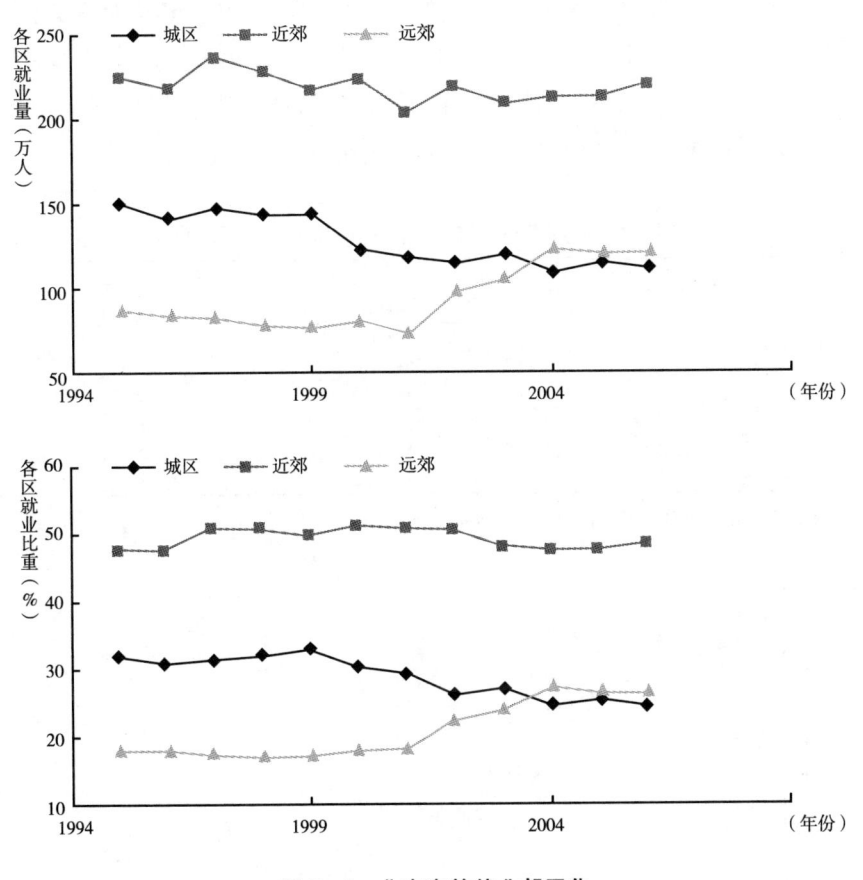

图 5-4 北京市的就业郊区化

资料来源：历年《北京统计年鉴》。说明：图中为各地区在岗职工占北京在岗职工人数的比重。由于《北京统计年鉴》对从业人员统计数据从2000年才开始，因此这里采用了在岗职工这一指标，虽然这一指标在1998年统计口径做了调整，但这并不妨碍我们从比例角度进行分析。从图中可见，从业人员统计数据的历史变化规律与在岗职工的变化规律比较一致。

从 1995 年到 2005 年市中心就业量与北京市机动化水平的散点图看（图 5-5），北京的就业郊区化与机动化之间仍然存在一定的规律性，即表现为较好的线性关系分布。进一步对二者进行线性回归分析，得到的拟合效果较好，R 平方值约为 0.705，t 检验和 F 检验均较好，说明机动化对中心区就业的下降有较好的解释力。如果将就业或者机动化滞后 1 期进行分析，得到结果如下：机动化滞后 1 期的拟合效果好于同期回归效果，而同期回归效果好于就业滞后 1 期的拟合效果，三者的 R 平方值分别为 0.800、0.705 和 0.671，其中机动化滞后 1 期的 R 平方值最大，且 t 检验、F 检验和 DW 检验的显著性水平也更高。这说明，从统计关系上看是就业郊区化促进了机动化，而不是相反。这可能是因为，北京的就业郊区化并未使得居住和就业空间更加匹配，而是使得就业与居住空间更加错位，而北京居民购车最主要是用于通勤，因此就业空间的变化就促进了机动化。

表 5-3 北京市中心区就业与机动化关系回归分析

	系 数		R^2	F 检验	DW
	系 数	t 检验			
滞后 1 期	常数项 166.299	24.828（0.000）	0.800	32.017（0.000）	1.391
	自变量 -0.289	-5.658（0.000）			
同 期	常数项 159.964	22.446（0.000）	0.705	21.497（0.001）	1.233
	自变量 -0.261	-4.637（0.001）			
前移 1 期	常数项 158.568	19.213（0.000）	0.671	16.284（0.004）	1.108
	自变量 -0.290	-4.035（0.004）			

注：样本容量为 10，括号内为显著性水平。

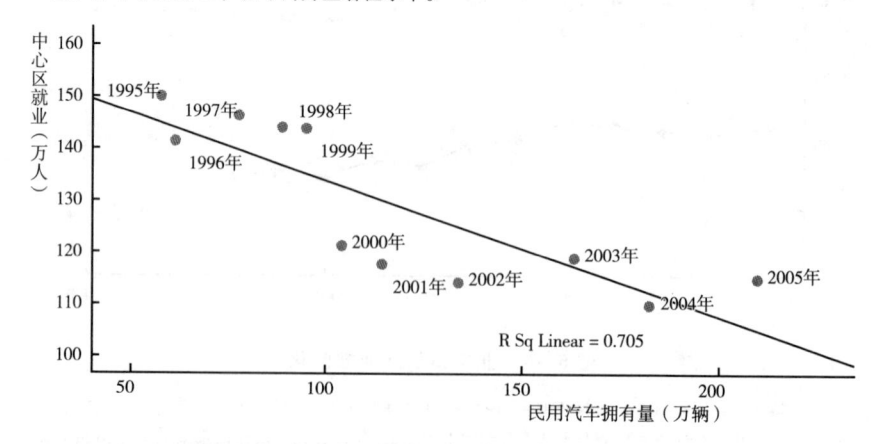

图 5-5 北京市汽车增长与中心区就业量的减少

资料来源：历年《北京统计年鉴》。

5.2.2 郊区化中的被动机动化

5.2.2.1 城市外围的机动化

在双交通模型的分析中，如果公共汽车的价格对小汽车有优势，则城市边缘的居民在没有拥堵的情况下会选择公共汽车，随着到城市中心的距离的减小，外围人口的向心通勤会导致交通拥堵，改变居民的出行选择，在市中心可能会出现小汽车竞争力的上升。但从大连的实证研究看，机动车在城市中心的拥有率的确是高的，但在一定距离上再向外，机动车的拥有率反而上升，与模型城市边缘公交车更具有竞争力的结论正好相反。

5.2.2.2 被动机动化的提出

这一问题可以用"被动机动化"来解释，即城市边缘的居民选择小汽车是一种被迫的选择，模型中假设在城市任何地方公共汽车和小汽车都是两种可选的交通模式这一点不再成立。一个主要原因是，在城市发展的过程中，公交网络未能及时覆盖城市边缘区。尤其政策强调道路系统的扩展，而不是强调改善公交系统本身的时候，城市边缘区可能有较好的道路设施，但公共交通服务却改进不够，使得选择小汽车不但几乎是唯一的选择，也是一个较好的选择。与被动机动化相关的是，郊区的小汽车使用增加，似乎出现了"小汽车使用的郊区化"。从北京市的公共交通调查看，公共交通线路的扩展存在较为明显的滞后问题，郊区的公交线重叠系数仅

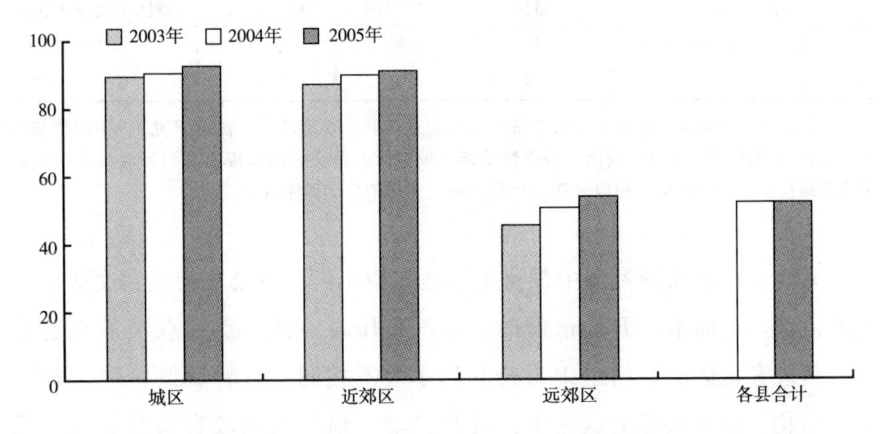

图 5-6　北京市各地区小客车占本区机动车总量的比例（2003~2005 年）

资料来源：历年《北京市交通发展年度报告》，2003 年各县合计数据缺失。

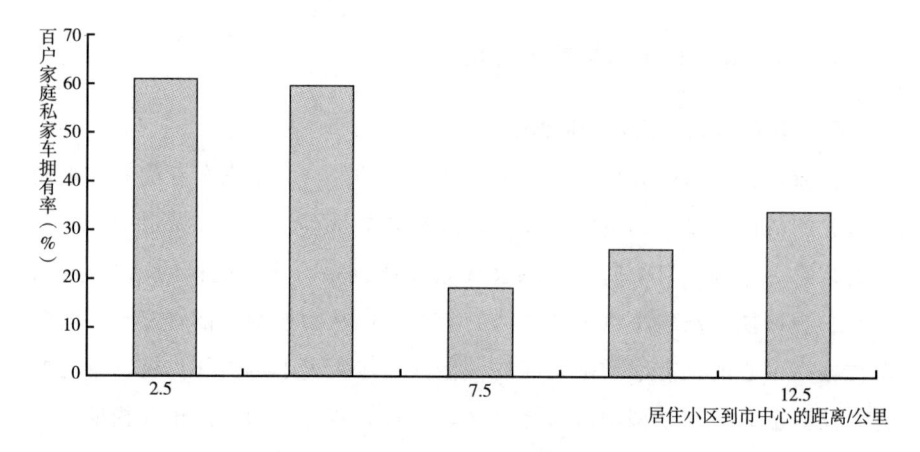

图 5-7 大连私家车拥有率随距离的变化

资料来源：李雪铭、杜晶玉：《私家车增长对城市居住空间扩展影响研究——以大连市为例》，《现代城市研究》2007 年第 8 期，第 47～54 页。市中心位置为大连市政府，有修改。

为旧城区的 1/2 左右，公交线密度仅为 1/4 左右（李建国、林正，2004）。但居住郊区化不明显的时候，这种情况并不会造成交通问题。但随着居住郊区化的快速发展，北京三环以外的居民人口急剧增加，而公交线路的滞后就一定程度上"迫使"居民购车。

表 5-4 北京公交线网密度与线路重叠系数

项　　目	旧城区	三环以内	规划市区	旧城区至规划市区间
公交线密度（公里/平方公里）	2.16	1.85	0.72	0.58
重叠系数	4.04	3.41	2.66	2.19

资料来源：李建国、林正：《北京城市公共交通调查、规划政策、法规研究》，中国建筑工业出版社，2004，第 68 页。线路重叠系数是指区域内所有公交线路长度之和与所有铺设公交线路的道路长度之和的比值，用以表明每公里道路上并行的公交线路数。

另外，在前面的模型中没有足够地强调小汽车与公共交通在交通组织上的区别。正如本章开始谈及的，小汽车作为一种"点-点"的交通模式，其乘客运送的空间组织与公共汽车大不相同，后者类似一种"轴-辐"结构。而在实际的运营中，虽然"轴-辐"结构较容易具有成本优势，但中转时间也是降低"轴-辐"结构效率并导致其对"点-点"模式竞争失败的重要因素。城市交通的实证研究强烈支持了下面的论点：公共交通乘客在步行和等待上花费的时间并不比在公共交通工具上花费的时间少太多,甚至很多情况下更多。而小汽车由于私人所有,这些时间很小,在1分钟左右。

从公共交通非乘车时间的分布看,越向城市外围,需要的时间越多。比如巴西城市里约热内卢在1989年的步行时间从中心区向外(中心区、边缘区、过渡区)分别为10.4、12.8、17.3分钟,等车时间为6.4、12.5、19.1分钟,仅这两项中心区就比外围区要节约大约20分钟(Vasconcellos,2001)。北京市的交通调查支持了同样的结论,乘客在车上的时间仅占总出行时间的63.53%,而且市区的非乘车时间为18.04分钟,只有郊区非乘车时间27.55分钟的65%,节约近10分钟。

也就是说,实际的运营中,由于非乘车时间的存在,小汽车对公共交通的竞争力,越向城市外围越强。这是单中心城市机动车使用随着到城市中心距离的增加而增加的一个重要的驱动力。

另外一个因素是我国城市快速发展中,郊区化进程的一个主要成分是居住郊区化,而就业郊区化相对滞后,甚至仍然处于向心集聚阶段,加大了居民的通勤距离,使得小汽车这种快捷的交通方式更具有优势。这也是发达国家所经历的经验。如澳大利亚悉尼都市区的就业郊区化的同时也伴随着公共交通份额的下降。1991年悉尼都市区的轨道交通份额为3.7%,公共汽车的份额为4.3%,从70年代以来的公共交通份额下降的趋势没有改变,到市中心上班出行在总出行中的比例也是下降趋势。(Hensher,1998)

表5-5 北京市乘公交一次出行全程时间构成及比重

		全程时间	乘车时间	非乘车时间				
				小计	上车前步行	总候车时间	总换乘时间	下车后步行
市区	时间(分钟)	49.55	31.51	18.04	6.52	3.13	1.86	6.53
	比重(%)	100.00	63.59	36.41	13.16	6.32	3.75	13.18
郊区	时间(分钟)	75.31	47.76	27.55	7.23	9.29	3.84	7.19
	比重(%)	100.00	63.42	36.58	9.60	12.34	5.10	9.55
市区与郊区的时间差(分钟)		25.76	16.25	9.51	0.71	6.16	1.98	0.66

资料来源:李建国、林正:《北京城市公共交通调查、规划政策、法规研究》,中国建筑工业出版社,2004,第93页,有修正。

我国正在出现类似的情况。以北京为例，其郊区化开始于20世纪80年代，研究最初关注的是郊区化所体现的城郊人口的变化，研究者并未强调区分居住、就业等不同性质的郊区化问题（周一星，1996）。到90年代郊区化加速发展，进入2000年，随着大型居住区的建成和居民逐步搬迁入住，郊区化中一些严重的城市问题开始引起了人们的注意，尤其商业配套不足问题，居住郊区化与商业郊区化在时间和空间上的不匹配开始成为学者和媒体关注的焦点（朱世娇，2004）。比如2000年之后随着望京、天通苑等大型郊区居住区住户的入住，北京出现了大型的"卧城"，其居住人口规模超过20万人，而功能却比较单一（冯健，2004；马清裕，2006）。北京大型居住区的问卷调查分析表明，郊区化显著地增强了"职住分离"（李强，2007），带来了通勤距离过长等问题。可见，北京的郊区化进程有较为严重的就业郊区化滞后和商业配套滞后问题。

北京市较为严重的公交供给的空间不匹配、就业供给的空间不匹配、商业配套供给的空间不匹配，导致了北京市在居住郊区化进程中小汽车拥有率的迅速上升，居住郊区化进程越快，机动化进程越快。北京的机动车数量在2000年之后也出现了爆炸性增长，这种"被动机动化"引发了严重的城市交通问题。

这种被动机动化现象在发展中国家是比较普遍的。发展中国家的机动化与发达国家有所不同，许多情况下机动化是城市较为富裕阶层在一个落后公交系统下无奈的选择，同时又导致了交通出行上严重的不平等问题。许多发展中国家城市的财富水平比新加坡、香港和东京要低，但是与这些城市相比，小汽车使用已经接近或者到了一个更高的水平。其主要原因就是缺乏对小汽车拥有和使用的经济限制，落后的公共交通选项（几乎没有轨道系统），过于强调通过大规模道路建设来解决交通阻塞问题。

5.3 机动化下消费行为对商业空间的重构作用

城市化与机动化的加速也对城市商业空间的重构产生了明显的冲击。这种冲击体现在两个方面：一方面小汽车扩大了城市居民的空间活动半径，使得商业中心的可达性增强，其覆盖的市场区得以扩大，商业中心出现了规模化的发展；另一方面，随着城市郊区的发展和城市中心地租的上升，商业区位选择需要重新审视城市的空间布局，进而重新布局商业空间的可达性。由于新的商业机会在郊区出现，商业空间的重构以商业郊区化为特点，而这一过程与机动化的推动是密不可分的。

5.3.1 中心商业空间的扩散

由于中国的城市往往具有一个较强的城市中心，随着城市的发展，市中心的地租不断上升，也对商业空间的扩散起到了一定的作用。另一方面，由于机动化的加速进行，交通拥堵首先出现在城市中心区，导致市中心的可达性开始降低，影响了市中心商业中心的服务范围，将对商业空间的重构起到极大的冲击作用。

以北京为例，北京占市区土地面积约 5% 的旧城土地，集中了城市总量 50% 以上的商业活动，也集中了 50% 以上的交通量。在城市交通模式与城市发展的关系中，我们已经看到，居民移动能力与城市集聚的强度是密切相关的。在移动能力不足的时候，城市的向心集聚难以扩散，甚至出现过度集聚的现象。以北京市为例，1996 年统计表明，西城区已有各类商业面积 445 万平方米，而规划的近期新建商业面积还有 310 万平方米，共计 755 万平方米。以当时的人口计，平均每人的商业面积约为 10 平方米。在规划的 310 万平方米中，大型百货商店约 40 万平方米，平均每人 0.51 平方米，大大超过西方城市人均 0.03~0.04 平方米的标准。

同时，在这一向心集聚过程中，市中心地租不断上升，甚至到了使零售业难以盈利的地步。如位于北京市中心的王府井商业中心，从 1993 年开始大规模改造，到 1998 年 6 年累计投入资金近百亿元，商业面积从 1993 年的 9 万多平方米增加为 1998 年初的近 50 万平方米，到 2000 年其商业面积则达到 100 多万平方米，由于地租不断上升，以至于如果达到年销售额 400 亿元的"保本点"，北京市每人每月必须去王府井 2 次，每人每次须购物 200 元（周一星，2000）。而实际上，王府井商业中心的客流人数却开始下降，1999 年 6 月王府井的客流已经减少到每天不到 10 万人，其中 2/3 以上是外地人；而王府井在 20 世纪 90 年代初同期的每天客流量约为 40 万人。实际上，王府井商业中心并不是一个特例，整个西城区的商业零售额已经出现下降现象（方可，2000）。

因此，总的看来，机动化与城市规模的扩大，导致了城市中心区商业空间的地租成本上升，而其可达性却下降了，不利于城市中心区商业空间的进一步发展。

5.3.2 郊区商业空间的兴起

但机动化与郊区化从另一方面看，却有利于郊区商业的发展。面对中国的郊区化与机动化，国外的一些商业企业由于已经有了类似的经验，其商业布局也显得更为敏感一些。20世纪90年代以来，面对北京郊区化与机动化的逐步加速，尤其2000年之后机动车的爆炸性增长，一些商业投资者已经开始针对这种新情况调整了其商业区位选择，开始在北京的郊区布局。以餐饮业的肯德基为例，它在2002年就率先在北京亚运村商业区内的家和超市一层开出第一家汽车穿梭餐厅，到2007年7月已经在中国开了九家汽车穿梭餐厅。驾驶者车辆行至餐厅，不用下车就可在付费后取到食品，而只需花去约4分钟的时间。

肯德基的这种布局反映了北京机动化对商业空间重构的重大冲击。第一家汽车穿梭店的位置位于北京五环外，在区位上就属于北京的边缘区，这一地点更外围的北边是天通苑、望京、回龙观、北苑家园等大型郊区居住区。根据前面对居住郊区化和被动机动化的分析，这些居住区不但居住人口在急剧增加，其小汽车拥有水平也较高。根据我们的调查问卷，居民家庭第一人上班出行中自驾车的比例，天通苑占31.5%，回龙观占38.60%，望京占45.00%。可见，肯德基的汽车穿梭店是对快速郊区化和快速城市化的一种应对。

从国外郊区商业化历程看，随着高速路和机动化，郊区商业中心将逐步兴起。由于居民机动力的提高，商业中心的覆盖范围更大，结果郊区商业中心的规模也更大。国内也出现了类似的趋势。以北京为例，2000～2007年，数个商业中心（Mall）相继兴起，这些商业中心均分布在四环外部，地理位置相对城市中心较远，处于城市边缘地带，如世纪金源、亦庄北京、东北部地区规划的商业中心（Mall）等。但是，与国外发达成熟的郊区商业中心相比，国内的机动化和郊区化进程虽然开始加速进行，但从总体水平上看仍然处于初级阶段,因此对郊区商业中心的需求还不十分强烈,而上述近郊商业中心由于土地成本较低,同时建设思路主要参考了国外大型郊区商业中心的特点,其单体规模均十分巨大,出现了一些不太符合市场实际的状况,城市中心区的大型商业中心显得更具活力一些。但无论如何,商业中心的郊区化的规模化,充分体现了机动化对城市商业中心的重构作用。

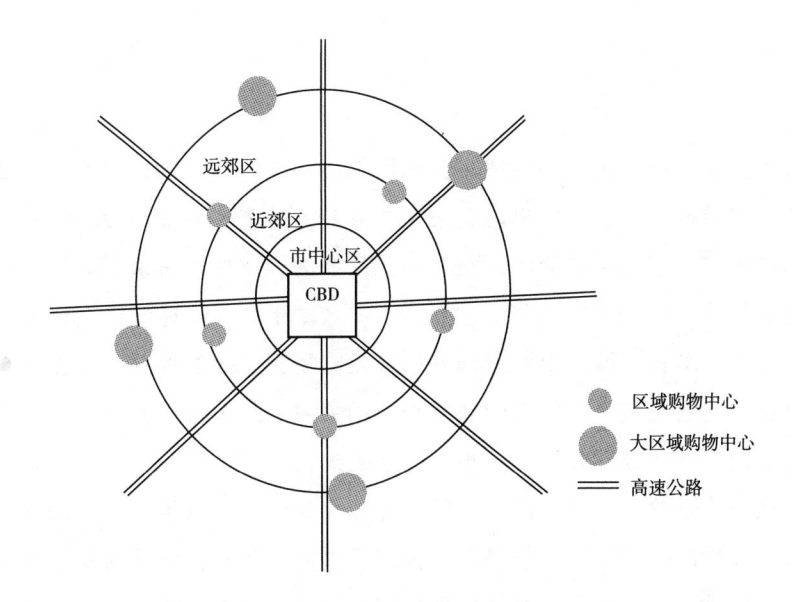

图 5-8　郊区化进程中商业中心的空间结构

资料来源:Yeates M H, Garner B J. 1980. The North American City. NY: Harper & Row. 有修改。

第六章
机动化的对策研究

　　现代城市的超机动性造成了交通的拥堵和环境的污染，也给自然资源造成了严重的压力，适应机动化发展的城市形态逐步引起了人们的反思。发达国家首先遭遇这些问题，在意识到问题的严重性后纷纷采取各种政策措施。但从实践看其效果并不理想，大多数城市公共交通的份额仍然在下降，小汽车增长与城市密度下降的趋势没有得到有效的控制，这促使人们反思城市交通与城市发展之间的复杂互动关系，政策目标的重心也逐步转向了如何切实地减少大量使用小汽车带来的负面影响。

　　从经济学的角度看，机动性的负外部性影响源于市场失灵，修正机动性负外部性的根本措施在于修正这种市场失灵。然而，问题的复杂性在于到底是哪里市场失灵了，以及这种市场失灵是否可以修复。目前较多的责问指向了汽车的使用成本和土地市场本身。由于小汽车使用者在政治上的优势，对其施加政府干预的难度较大，而土地市场本身的空间属性就使得它天然具有垄断性。因此，虽然对于机动化和城市发展的对策较多，但效果并不十分令人满意。研究的挑战性在于，尽管已经有许多研究提出了科学的政策建议，但实施效果较小。究其原因在于许多对策的理念强而理论基础较弱，指导性强而执行性弱。

　　在中国快速城市化和快速机动化的进程中，城市的人口和空间规模急剧扩大，私家车使用水平随之提高，结果导致了城市土地利用效率的降低和城市交通拥堵，政策制定者和研究者开始关注中国城市的空间效率问题。城市交通是城市空间组织的关键，而公共交通体现出的运输集约性（高效能而占地少）及其对城市土地高密度利用的引导性，使得公共交通成为城市集约利用的关注焦点。但是，在讨论城市公共交通未来的时候，一个至关重要的问题是考虑采用价格和设施规划来引导小汽车的发展，否则对公共交通的分析往往会被误导。

6.1 增加道路供给策略

在西方发达国家的机动化历程中，对机动车态度发生了甚至是 180 度大转弯的变化。最初人们是通过修建道路来满足机动车对道路的需求，随着机动车的增加，这种战略受到了理论的质疑。比如"黑洞理论"就认为道路的建设不会因为交通供给的增加而缓解城市交通拥堵，反而会引发更多居民使用小汽车进入城市道路系统，造成新的交通拥堵和更大的道路需求，结果出现了车多修路、路多车多的"循环与积累因果"现象，城市陷入这样的困境：在形成了小汽车依赖性后发现道路建设难以满足汽车无限增长的需求。以典型的汽车城市洛杉矶为例，为了满足增长的交通需求，2001～2025 年用于交通建设的基金高达 1060 亿美元。尽管道路建设投入巨大，而且已经到了难以为继的地步，但道路建设的效果也令人置疑。2001 年洛杉矶县的高峰拥堵时段却更长了，从上午 6 点到 9 点，下午 3 点到 7 点（Los Angeles County MTA，2001）。这迫使洛杉矶开始反思一味满足汽车出行的发展策略，在其交通长期规划（LRTP）中，已经明确提出应该采取精明增长的策略，更强调精明增长对空气污染和交通速度的作用，并采用了定量分析进行研究，以判断可能的发展状态。

更多的反思是针对"以机动车为本"的城市发展战略，这种发展模式把满足机动车畅通的道路建设凌驾于其他城市需求之上，而后者却越来越被人们所重视。美学价值是最难定量估价的城市价值之一，但风景区快速路和城市高架路对景观的破坏已经越来越引起人们的反思，发达国家城市甚至付出巨大代价把价格不菲的道路拆除，以实现美学价值。如 20 世纪 50 年代后期美国马萨诸塞州的波士顿为修建高架快速路而拆除了古老的商业建筑，而如今却要耗资 140 亿美元将这条高架路拆除（吉勒姆，2007）。70 年代法国总统乔治·蓬皮杜鼓励城市的变化要适应汽车的发展，结果本来是观赏巴黎景观最佳地点之一的塞纳河右岸，被开辟成了一条快速路来满足交通需求，而现在的巴黎正在考虑取消这条快速路，改建为人行道或者自行车道（米歇尔·米绍，张杰，等，2007）。

以道路建设来解决交通拥堵问题的思路在中国更面临资金的限制。根据历年《中国统计年鉴》，按2001年可比价累计，1977~2001的25年里中国交通基础设施投资总和大约2.4万亿元。与洛杉矶2000~2025年的交通规划投资相比，我国的城市交通投入要小得多。近年中国部分城市的交通投入较高，实际是投资占GDP比例较高，而不是绝对量大。比如北京近年交通投资占GDP均超过5%，已经是世界较高水平（北京市交通委员会，2004）。但绝对量还是不能和洛杉矶市相比。1995年洛杉矶市人均道路投资为195.45美元，以此人均标准计算，1998年北京道路投入应为154亿元，比当年城市维护建设资金支出多33亿元[1]，1998年还是财政扩张时期。而且一般而言，城市交通投入的高比例是不能持续的，否则会对经济协调发展有一定影响。中国的经济发展、农村建设、城市其他基础设施建设都还需要资金投入，即使持续，投资规模也达不到洛杉矶的水平，而城市的增长速度却完全可能远高于洛杉矶。因此，要解决中国的城市交通问题，需要"更精明"的增长。

因此，未来道路系统的建设应该避免走国外"以小汽车为本"的道路，实际上，"就交通论交通"也许能解决交通问题，但不能解决城市发展问题。交通问题的产生是由于城市的不断发展，"就交通论交通"的解决思路往往把交通当做目的，而不是城市发展的手段。洛杉矶为了解决小汽车的出行问题作了巨大的努力，结果造成了严重的小汽车依赖性。这种模式对有车的人们也许是高效率的，技术的发展也许能极大地缓解环境污染和能源危机，但从城市居民整体而言是不公平的，从人类的发展看其对土地和能源的消费是难以持续的。要解决交通问题，我们首先应该问自己的不是如何解决交通问题，也不是我们到底想要什么样的生活，而是我们能承担什么样的生活。

---

[1] 按1998年北京市区人口计算，来源于《1999年中国城市统计年鉴》。

6.2 发展公共交通策略

20世纪70年代以来，随着道路供给策略受到"黑洞理论"的反思，多数发达国家不再把道路供给作为交通拥堵的解决方法，而一个替代的政策是：通过改善公共交通来减少小汽车出行。公交城市是不少可持续交通发展提倡者的理想，他们追求城市在土地使用和机动化关系上坚持公正原则和环保原则。但越来越多的研究者发现，汽车的影响是难以抵抗的（王缉宪，2002；Cullinane，2002）。城市居民也许有使用公共交通的意愿，城市居民在交通调查中大多会表示减少使用私人汽车而改用公交的意愿，但人们的态度和行动之间往往存在巨大的反差，居民的最终选择主要还是取决于公共交通和小汽车的竞争情况，而实际的结果往往是许多城市的公交系统建成后在吸引小汽车使用者上作用甚微。中国正在进入机动化社会，许多规划者把发展公共交通看做改变机动化进程影响的重要交通战略，本节将详细讨论公共交通与小汽车竞争中几种策略的效果。

6.2.1 公共汽车：低价与公交专用道

2005年11月，建设部等部门出台《关于优先发展城市公共交通的意见》，文件明确提出要进一步加大对城市公交的政策扶持力度，主要从5个方面入手，其中一个方面就是"发挥客运价格的导向和杠杆作用，继续保持低票价和低成本的优势，最大限度地吸引客流，提高公共交通工具的利用率"，即保持公共交通的低价格。

北京市的低价公交政策是国内城市对这一战略实施的典型案例。但公共交通的低价并不会增加其在服务上的竞争力，比如速度和舒适度。就速度而言，北京市公共交通相对小汽车的竞争力非常弱，居民乘坐公共交通出行的速度平均只有10.2公里/小时，甚至低于自行车的平均出行速度12公里/小时，更是大大低于小汽车出行速度20公里/小时[1]。显然，速

---

[1] 新华网，《新闻分析：为什么要优先发展城市公共交通》，http://www.sina.com.cn，2005年11月1日。

度不会因为低价而改变多少。而舒适度由于低价政策的实施，主要由于低收入者的潜在出行需求释放的客运量增加，一定程度上降低了舒适度，甚至造成一部分人转向小汽车。从居民角度分析，选择小汽车的乘客收入较高，对价格并不敏感，低价交通对他们的影响是比较小的，但是这部分居民对时间更为敏感，如果缓解公共汽车的拥堵或者小汽车的拥堵严重，会极大地促使他们从小汽车转向公共汽车。

这也是符合第四章双交通模型敏感性分析结果的。公共汽车的低价格或者价格的降低，对改变城市居民交通出行模式选择的影响并不大，更影响城市居民出行模式选择的是交通用地供给。增加公共汽车用地的供给对减少小汽车乘客的作用力度是降低价格的 5 倍左右。模型中包含交通拥堵考虑的交通价格反映了城市交通拥堵程度，其中增加公共汽车的道路用地供给 20% 对交通价格的影响是除了城市人口以外最为明显的因子，交通价格下降达到 21%，而增加小汽车的道路供给，交通价格下降也高达 12%。但增加小汽车道路供给也会带来小汽车使用水平较高的增加（11%），而增加公共汽车的道路供给则明显降低小汽车的使用水平（13%）。这一模型结果说明：公共汽车专用道的增加对缓解交通拥堵和遏制小汽车使用是有明显作用的。国外经验也表明，增加小汽车的使用成本会极大地促进公交运量，降低公交的价格，却不会明显地减少小汽车的使用（Paulley，2006）。

可惜的是，2005 年《关于优先发展城市公共交通的意见》中提及的 5 个方面虽然涉及了公共交通的用地划拨，但仅限于"优先安排公共交通设施建设用地，城市公共交通规划确定的停车场、保养场、首末站、调度中心、换乘枢纽等设施，其用地符合〈规划用地目录〉的，可以用划拨方式供地。不得随意挤占公共交通设施用地或改变土地用途"，其中并没有强调公共汽车的路面优先使用权。公交专用道虽然一直也被提倡，但实施情况较差，这虽然与专用道在实际操作中存在较大难度有关，但也与未给予足够重视有关，造成了许多问题，比如专用道的标线不统一、隔离措施简单等，造成了非公交车辆对公交专用道的侵占（张建仁，2003）。

一是隔离标志问题：国内城市的公交专用道设置不统一，一般为黄色虚线或虚实黄线，结果易被误认为是方向分隔线，而深圳设为齿形黄线又与众不同。公交专用道隔离标志的不统一给外来司机造成识别困难，妨碍交通专用道的功能发挥。

其二是道路隔离问题：只有少数城市的公交专用道与其他车道物理隔离，而且一般都不是在道路建设时就给予了考虑，一些划分也比较随意，结果造成路面的浪费。比如深圳将主干道的非机动车道（宽4.5米以上，甚至达7米）设为公交专用道，而实际即使是大型客车也仅需3.5~4米宽即可，加上道路建设时非机动车道未考虑公交停靠站，故没有设计港湾，给公交车停靠带来困难。

6.2.2 发展轨道交通

中国城市规划者现在把发展城市公共轨道交通看做是解决道路阻塞的唯一办法，而且给予了最高优先级。中国城市轨道交通开始进入大发展的年代，"十一五"期间全国城市轨道交通规划的总长度达到了1500公里。但城市轨道交通建设在成本和运行体制方面都还存在一定的制约。从成本看，尽管中国有较便宜的劳动力和建材，但由于技术和设备引入费用高，使得轨道建设成本相对要高，目前每公里超过6亿元人民币。过高的成本使得城市政府难以承受，广州、上海、重庆等城市在城市轨道修建过程中都出现过资金不足问题（田莉，1998）。从体制看，地铁和汽车道路系统的发展正处于历史的顶峰，地铁和汽车道路的立项和资金投入主要取决于地方政府和相关的弹性政策。虽然二者都显示了强烈的发展倾向，但相较而言，虽然轨道管理正在进行深刻的改革，但轨道系统的管理较缺乏效率、弹性和竞争力，缺乏整体设计和综合开发观念。

从国际经验看，国内规划对轨道交通的期望太高了。轨道交通在长度较小、不成网络时，对城市发展的影响比较有限。由于认识不足和财力制约，城市轨道交通在中国长期没有得到足够重视，目前轨道交通的总量还很小，2003年全国城市轨道交通运营线路网总长度仅449公里，而伦敦1996年地铁长度就达400公里。城市轨道交通的建设周期较长，轨道交通网络的形成到完全发挥作用，还可能需要20~30年（宋敏华，2004）。即使建成了轨道交通网络，对整个城市交通可达性的影响也是有限的，因为轨道交通系统仅是整个交通网络去掉的一部分，即使轨道交通网络的可达性发生了巨大改变，其对整个系统可达性格局的影响一般也很小。而在城市交通的发展过程中，轨道交通切入的时机非常的重要，在城市形态初步形成和人们交通出行方式已经形成之后，大运量交通的建设对改变高度小汽车依赖的交通模式的作用是有限的，这也是为什么旧金山和多伦多虽然都建了轨道交通系统，而城市形态大相径庭的原因——旧金山轨道交通开始兴建在城市规模形成之后，多伦多则在城市规模起飞的时候。中国轨道交通建设的滞后比较明显。改革开放以来，城市人口增长 1.5 倍，百万人口以上城市从 13 个增加到了 113 个，但大城市地铁线却非常有限。在机动车迅速发展的情况下，城市很有可能在轨道交通网完善之前就陷入小汽车依赖。

另外，一般认为公共交通和小汽车是相互竞争的，但公共交通中的大运量交通（transit）并非总是起到遏制机动化的作用，甚至有可能有相反的影响。释放路面资源的交通措施，只要没有从根本上触及小汽车在价格和服务上的竞争优势，就可能出现释放的路面资源更多地被小汽车占用的局面，结果起到刺激小汽车使用的作用，比如地铁和智能交通（ITS：Intelligent Transportation Systems）等（黄肇义，1999）。尤其是轨道服务，通常替代的是已经存在的公共汽车服务。美国旧金山湾区快速轨道交通（BART）是这种情况的典型例子，轨道交通替代了许多对应的公共汽车服务，让出了路面资源，结果反而改善了小汽车的出行时间，城市居民的出行模式转换并没有发生，城市仍然依赖小汽车（Hanson，1995）。

6.2.3 交通需求管理

6.2.3.1 什么是 TDM

交通拥堵是一个世界性的问题，根本原因是交通供需失衡所致。交通需求管理（TDM）是通过提高单车乘坐人数、调整交通出行、减少交通需求等手段，从而使交通运输系统的通行能力最大化的理论和方法。TDM 投资少、见效快，有利于环境保护。1991 年美国制定的综合路上交通效率化法案（ISTEA），已将 TDM 作为一项重要的交通对策。欧洲、日本等发达国家，围绕综合治理城市交通问题以及 TDM 对策，也开展了广泛的研究和实践。TDM 必须基于对交通参与者的刺激与限制，主要目的是减少道路交通系统中车辆的行驶数量，为交通出行提供多种方式选择。经验表明，一个地区的 TDM 方案是否有效，在很大程度上依赖于企业参与的形式和程度，一个有效的 TDM 方案应该从政府官员和当地企业的参与合作入手。TDM 是一种辅助性措施。

6.2.3.2 TDM 的实施

在国外的 TDM 措施可以分为企业和地区两个层次。在企业层次主要是：（1）如何避免独自驾车，如轿车带客（Carpooling）和小客车拼车（六座左右的客车）（Vanpooling）；（2）选择工作时间。在地区层次主要是促进公交和共乘车辆的优先。在地区总体规划框架内制定具体的优先办法，这一过程中，交通运输管理协会往往扮演重要角色。

6.2.3.3 TDM 的有效性

在拥堵的道路网中，社会投资是使一台新增的单独驾驶车辆能够通行而投入的费用。据估计，每日单向 10.5 英里行程的费用为 6.75 美元（13.5 美元/天）；如果用公交，社会投资是 4.10 美元；如果轿车共乘，是 2.70 美元；小客车共乘，是 0.56 美元。根据对企业的调查的 22 个企业，减少一个单向车辆出行的直接开销是平均 1.33 美元，考虑停车场等，减少一个单向行程企业净收益是 0.43 美元/台。对个人而言，共乘均摊的油料费、停车费及车辆修理费要低得多。

虽然单个企业内的 TDM 措施可以减少 30%~40% 的车辆出行，但整个地区 TDM 的实施效果可能并不明显，实际上只能使车辆出行减少4%~8%，尤其当与 TDM 相关的流量在交通总量中的比例呈下降趋势的时候（美国交通部联邦公路管理局，2004）。总体看来，TDM 主要还是对交通系统的拥堵能起到有限的缓解作用，但对整个城市发展的影响有限。当然，中国城市的管理水平还比较低，积极采用 TDM 措施对城市交通效率的提高，也会起到比较明显的作用。

6.3 限制机动车

由于汽车产业对经济发展带动较大，国内相关政策的战略偏向明显，明确鼓励居民购买汽车的国家政策，对购车贷款等方面的支持极大地推动了汽车的普及。"鼓励轿车进入家庭"在"十五"就明确提出了，并且一直未变。1994年国务院批准发布了《汽车工业产业政策》，要求我国汽车工业快速发展，之后出现了"轿车进入家庭"的宣传。到2005年商务部发布的《汽车贸易政策》，其第一条明确写道："为建立统一、开放、竞争、有序的汽车市场，维护汽车消费者合法权益，推进我国汽车产业健康发展，促进消费，扩大内需，特制定本政策"，而且要继续"加快发展和扩大汽车消费信贷"。在2005年中国城市交通规划学会年会上，建设部部长汪光焘明确表示城市交通规划工作者不能希望通过限制汽车市场来保持交通畅通。

针对国家的汽车产业发展和城市交通问题，也有一些学者在20世纪90年代末就提出了限制机动车发展的战略，较早地认识到中国汽车产业政策可能对城市的影响，并对这一状况表示了担心：由于中国城市的交通设施和公共交通建设滞后，很可能在汽车快速增长的过程中直接给城市带来拥堵，甚至有可能造成适应小汽车的城市发展（王缉宪，1999）。也有学者较早地提出延缓机动化进程，给城市公共交通发展足够的发展时间，以维持中国传统的高密度城市形态[①]。但是，一些国家研究机构的研究者也对此提出了争议[②]，认为汽车不是道路拥堵的原因，不能因为交通拥堵限制汽车（魏后凯，2001）。

在2003年汽车爆炸性增长之后，汽车增速远远快于道路增速并造成许多大城市严重的交通拥堵问题，汽车增加与道路拥堵已经成为一个全社会共同关注的话题。但从逻辑上讲，小汽车与阻塞并没有必然联系，造成阻塞是因为交通模式和城市形态不匹配，而不是因为小汽车使用过多。国外的一些研究表明（Ryan，2003），低密度城市形态与小汽车交通模式的配合，同高密度公交导向的城市一样，不乏成功避免拥堵的案例。但是，城市交通的目的并不是防止拥堵。从更高的尺度上看，小汽车为主的城市交通对人居环境、污染、能源和土地利用等方面有极大的负荷，较缺乏可持续性。因此，限制汽车与否的长期政策目标应该是城市采用什么样的形

[①] 荣朝和、王缉宪：《推迟大城市的小汽车家庭化，加快发展轨道交通》，《科技导报》1999年第8期。

[②] 陈清泰：《启动私人购车，利国利民》，《经济日报》2000年1月18日。

态来实现可持续发展，而不是仅仅局限于对近期交通拥堵问题的考虑。以解决交通拥堵为单一目标的政策，很难实现城市交通与城市形态的协调，并很有可能牺牲城市的空间效率。

近年来，在中国城市交通日益严重的背景下，轨道交通几乎成了一个救命药而迅速被采纳。如前所述，轨道交通的效应是一个长期的过程，近期如何在汽车产业与城市交通之间取得平衡是一个尖锐的问题。

从第四章的双交通模型分析看，降低交通拥堵的政策目标即是要降低包含了拥堵成本的交通价格。在双交通模型的敏感性分析中，对降低交通价格有显著作用的对策有增加道路供给和改变交通模式的支付价格。增加道路供给的作用最明显，前文已经对此做了关于公共交通专用道的分析，这里考察其次的影响：改变交通模式的支付价格，政策目标是控制机动车。模型中，提高小汽车价格对小汽车乘客数的影响大于降低公共汽车的价格，因此，要控制机动车使用水平，提高私家车价格更可取一些。在实际操作中，控制机动车有直接限制机动车和间接限制机动车（限制使用）两种策略，显然后者更能与汽车产业的发展政策相协调。目前，中国直接限制机动车的城市有上海，但从国际经验看，越来越多的城市采用了通过价格机制间接限制汽车的策略。

6.3.1　直接限制机动车：上海机动车牌照限制政策

面对机动车的迅速增长，考虑到机动车过快增长对中心城区交通压力和出于促进节能减排的目的，上海自 1994 年开始实施了一系列机动车额度总量的控制措施，其中影响最大的政策之一是实施机动车额度投标拍卖。到 2007 年底，上海实施中心城区新增机动车额度总量控制政策已有 10 多年。尽管上海政府部门的一份研究报告认为调控措施实施 13 年的过程中，有效减缓了近 150 万辆机动车额度的增加[1]，但其实际效果是值得怀疑的。根据上海交通部门研究人员引用的数据，上海 2003 年年底的机动车达到 175 万辆，2004 年达到 201.6 万辆（孙斌栋，2007）。同北京这

---

[1] 资料来源：《沪交通局力挺车牌拍卖 13 年共遏制 150 万辆机动车》，新民网，2008 年 1 月 7 日，http://news.xinhuanet.com/fortune/2008－01/07/content_ 7380860.htm。

一时期没有实施限制机动车发展战略，且城市规模和居民收入相对可比的城市相比，上海这一战略的效果是有限的。北京 2003 年和 2004 年的机动车数量分别为 212.4 万辆和 229.6 万辆①，分别比上海多出 37 万辆和 28 万辆，仅占北京机动车总量的 17.9% 和 12.2%。

再考虑到周边城市政策的影响，即高牌照价格带来的外地牌照车，则政策执行的实际效果可能更差。由于政策的实施，导致了上海车牌拍卖价出现攀升趋势，上海车主对车牌价格的预期不断调高，甚至在 2007 年年末达到了 5.6 万元的价格，已达到一部低档家用车的售价。在这种情况下，由于周边城市与上海在机动车政策上的差异和车牌价格显著差异，使得车主有转向周边省市上牌的巨大动力，产生了异地上牌的"灰色产业"，不但增加了机动车和道路交通主管部门的管理难度，而且直接削弱了限制机动车政策的执行效果。对这部分机动车的统计是困难的，因此这种效果削弱程度还缺乏有力的数据说明，但据上海汽车经销行业人士估计，2007 年上海新增乘用车中约有 20% 挂的是外地牌照。②

从上面的分析看，上海市十多年限制私人汽车发展的政策，而不是把小汽车进入家庭看做是现代化的目标，这种政策理念已经走在了其他城市的前面。但是，这一政策的实施效果是不尽如人意的。上海市的这一政策反而造成了许多上海本地居民购车后在周边城市上牌，结果不仅无法达到降低交通流量的目的，还造成了上海本地税费的流失。

而另一方面，也是更为关键的，虽然城市规模不断扩大，交通需求不断增长，但上海市长期处于交通设施严重滞后的情况（韩强，2004）。交通设施不足与上海的高密度传统的城市形态有关，造成了道路建设的困难。20 世纪 80 年代末，上海城市的道路设施建设长期处于滞后的状态，公路总里程仅为近 5600 公里。截至 2003 年年底，公路总里程才达到 6485 公里，公路网密度水平仅相当于北京 2002 年的水平。上海人均道路面积也较低，平均不到 9 平方米；道路面积率大大低于世界城市 20% 的通常标准水平。由于一些公交站点属搭建路边的临时用地，在缺少公交建设用

---

① 资料来源：北京交通发展研究中心：《2006 北京市交通发展年度报告》。
② 资料来源：《上海车牌：'最贵的铁皮'为何骤然大跌？》，新华网，2008 年 1 月 14 日，http://news.xinhuanet.com/newscenter/2008 – 01/14/content_ 7417945.htm。

地的情况下，内环线以内的停车场地甚至连年缩减，全市18500多辆公交汽电车仍有2000余辆夜宿街头。进入21世纪的上海，尽管加大了道路建设投入力度，但道路资源的增长，跟不上新增的车流量，市区主要干道拥堵现象仍然相当严重。据统计，2003年日客流量平均为1140万人次，公交与出租汽车、地铁客流量之比为6.5：2.5：1。据统计，2002年占全市客运量70%的常规公交的票款收入为34.43亿元，成本为32亿～34亿元。其中人工成本占51%，燃料成本占15%、车辆折旧和维修保养成本占25%，固定刚性成本占总成本的90%以上，企业赢利能力差。二是职工收入偏低，1995年公交职工平均收入高于全市职工的4.41%，现在低于全市在岗职工平均收入的16.96%。

这种情况下，上海的城市道路建设和公共交通建设并未能满足城市交通需求，这种需求随着上海规模的扩大迅速增强，而限制汽车的政策由于市场的扭曲没有达到预期的目标。因此，上海市的城市交通问题同样非常严重。

6.3.2 限制使用的价格策略

从世界城市交通政策走向的趋势看，以交通价格来获得一个良好的城市系统是未来的趋势。2003年后伦敦的拥堵收费在这一方面具有示范效应。到目前为止，这一政策受到了世界银行的称赞，英国其他30多个城市也计划实施类似的政策，其他一些国家也表示很感兴趣。

伦敦的拥堵收费政策实施于2003年，交通拥堵收费区覆盖了市中心约21平方公里的面积，在拥堵收费制度实施以前，这一区域的交通流量大约为伦敦市区的1/4。伦敦最初的交通拥堵费为每天5英镑，到2005年增加到8英镑。对从周一到周五上午7：00至下午6：30在交通拥堵收费区内的公共道路上行驶或停靠的车辆征收，但周末和公众节假日免费。只要通过信用卡或者短信缴费就可在一天中任意多次地进出收费区和在区内行车。

政策实施之后的效果是比较明显的。据统计，伦敦收费前后进出收费区的小汽车数量减少了1/3，更显著的影响是乘坐公交车进入收费区的人数有了显著增加，2003年相比2002年就大幅增长了37%，2004年又在2003年的基础上增加了12%，公交的等待时间也得以缩短。虽然对交通拥堵的影响还有待观察，但这一拥堵收费政策已经改变了许多企业的区位取向，这将逐步影响城市的结构。调查表明，约一半的商人认为该项政策使他们企业利润明显降低，2/3 的公司认为他们的顾客明显减少，1/3 的公司已经开始考虑搬迁出伦敦市中心区了（TFL，2005）。

价格政策一般能增加政府收入，政府本身往往有征收拥堵费的意向。国内深圳、上海明确提出征收拥堵费的研究论证，北京、杭州、南京等城市政府都提出过收取拥堵费。但同国外一样，降价是受到拥护的，而涉及涨价在政治上总是困难的。

国内关于交通拥堵费的收取也备受争议，即使政府内部，也有人认为条件不成熟。2006 年年底杭州的"交通拥堵费"论证就没有通过。2007 年深圳表示"交通拥堵费"征收方案将进入公示期后，更被斥之为不符合国情。① 甚至有人以 2002 年国务院办公厅《关于治理向机动车辆乱收费和整顿道路站点有关问题的通知》来反对拥堵收费，该通知要求：除法律法规和国务院明文规定外，任何地方、部门和单位均不得再出台新的涉及机动车辆的行政事业性收费、政府性集资和政府性基金项目。该通知还同时强调，要加强对涉及机动车辆收费的管理，严禁将车辆通行费平摊到所有车辆并强制收取；严禁擅自提高收费标准，扩大收费范围。

消费者对收费政策更是持有反对意见，北京对停车收费涨价的调查表明，不论有车还是无车，七成以上受访者均对停车收费涨价持反对意见，而且六成左右受访者认为停车费上涨对交通拥堵现状的改善几乎没有作用。② 这里就表达出了一个政策制定中的困境，问卷并不能反映实际的政策效果：尽管多数人对价格表示敏感——这意味着价格将影响他们的出行，但他们坚持认为涨价对交通现状没有影响——这是反对涨价的一个重要理由。实际上，北京市石景山区加油站汽油每升降 5 角，结果导致了上千辆汽车排队加油③，充分说明了私家车对价格的敏感性。

从伦敦的实践看，价格对交通的影响是显著的，这也符合第四章模型

---

① 邱林：《不符合国情的交通拥堵费应束之高阁》，光明网－光明观察，2007 年 12 月 26 日，http：//guancha.gmw.cn/content/2007－12/26/content_ 715950.htm。
② 资料来源：《调查报告：交通拥挤收费需谨慎出台》，新浪汽车，http：//auto.sina.com.cn/news/2005－10－09/1421143791.shtml。
③ 《加油站降价千车排队》，网易新网，2007 年 2 月 26 日，http：//sx.news.163.com/07/0726/13/3KB3RJCA0060008F.html。

对交通价格的敏感性分析。从理论和国外实践看，价格政策是一个正确的方向，虽然其实施难度较大。伦敦自20世纪60年代就开始讨论和研究拥堵收费制度，一方面对理想的收费区等研究一直存在争论，另一方面由于政治上的反对，到2003年才开始实施，从目前看来，其效果是比较好的。但是，在其40年间城市交通拥堵付出的代价是相当大的，市中心交通速度下降了20%多，到了2002年，伦敦市中心城区全天平均时速仅为14公里，在非拥堵时段平均时速则为32公里，而工作日每天有超过25万人通过路面汽车进入伦敦市中心。拥堵带来的严重损失是推动伦敦拥堵收费顺利实施的重要因素，1999年的一项调查显示，伦敦市民关注的城市问题中，46%的市民选择"公共运输"，33%的市民选择"交通拥堵"，其比例远高于"犯罪"和"法律与秩序"（只有20%的伦敦市民选择）（乔纳森·利普，2007）。从伦敦发展的经验教训看，推动中国城市交通价格政策的研究、制定和实施，更多地和城市居民沟通关于城市交通的发展战略，是一项迫切而具有重大价值的工作。

6.4 小结

交通与土地利用在市场中具有相对独立的发展，在价格机制的应用上也大不相同，但20年前的交通投资区位决策要影响到现在的土地利用，因此规划中二者的结合、保留一定的弹性是必要的。但是，由于存在官员任期的限制和交通远期效用评价的困难，城市政府在投资交通存在一些自然的倾向：比如降低交通价格，以快速的道路建设来提升交通质量等，其政策效果是明显的，而成本-受益分析是困难的，很难说它不是最有效地利用资源。结果，在解决城市交通拥堵问题，经常被人们问的问题是"这一措施是否有效"以及"能否承担这样的费用"，但从长远看更重要的问题是"能否承担这些措施实施带来的后果"。交通模式的选择与城市的发展是密切相关的。在解决眼前交通拥堵带来效率降低问题的时候，可持续发展的长远目标容易被忽视。

城市交通系统在交通模式以小汽车为主或者以公共交通为主时，其对应的城市居住和商业活动的规模和密度是大相径庭的。在西方国家城市的发展过程中，适应小汽车的城市发展模式已经带来了土地、能源、环境、安全、社会等方面的问题，促使西方许多城市经历了从"城市适应交通"到"交通适应城市"的发展战略转变。当然，发展战略下的政策制定还有许多争论，比如一些城市采用了直接禁止小汽车这类比较激进的政策（如意大利的一些城市就直接禁止小汽车进入市中心），但发展战略的转变基本已经得到了共识。更多的城市选择了鼓励人们使用公交车并限制使用私家车的政策，试图通过公共交通的大型基础设施来主导城市的结构（如TOD等），以对抗小汽车对城市结构的破坏。在城市规划与设计方面则出现了恢复城市结构的努力，如新城市主义，其他着眼于城市发展的规划理念也不断出现，比如紧凑城市、精明增长等。

中国多数城市在历史上已经形成了适应公交的高密度城市形态，有很强的开发走廊。我国的城市规划要特别根据城市的特性来制定。面对机动化与城市化共振的情景，要避免重复美国式的发展道路，中国城市需要控制机动化或城市化的速度，采取"精明"的城市增长。我国城市有高密度发展的历史路径，从可持续发展的观点和文化价值取向上，我国都不能任由城市去适应小汽车。在汽车化过程中，要特别注意避免交通模式与城市形态不匹配导致的城市生活低效率和社会损失，引导城市走高密度多中心的可持续发展道路。因此，应该精心地根据城市的特性设计出有利于公共汽车竞争的机制，而不能忽视居民在出行选择中的需求，造成被动机动化，使得城市的形态和结构在快速城市化和快速机动化中失去控制。

我们在意愿上需要什么样的城市决定了应该建设什么样的城市交通系统，但从双交通模型看，城市形态（规模与密度）对交通模式选择的影响并不突出，影响交通模式更重要的因素是交通模式之间的价格竞争（这一价格应包含拥堵成本）。这样，如果城市政策目标是紧凑和可持续发展，则应该通过建设一个高效集约的公交系统来引导影响城市发展，而不是直接限制城市规模或者城市密度。这一交通系统的实现也不是直接对小汽车进行干预，有效的管制应该允许市场机制的存在，允许各种交通方式相互竞争，但要修正小汽车的外部性，使得公共交通与小汽车的竞争在价格和服务上获得优势，让多数人选择公共汽车，从而实现城市的紧凑发展。

改革开放20年以来，中国城市公共交通建设明显滞后城市化，形成供给不足的局面，随着出行需求增加和出行模式向私家车转移，各大城市普遍出现了从未有过的交通堵塞。这种供给不足如果在短期不能通过土地利用、价格机制对机动化进程进行调节，发展适合城市可持续发展的公共交通来替代小汽车，那么一旦城市交通对小汽车形成依赖性，就容易走上很难逆转的美国式城市化道路。从双交通模型分析看，如果中国城市提供一个具有竞争力的公共汽车系统，则与美国城市的均衡态相比，中国城市更为紧凑和较少地依赖小汽车。而前文分析的"被动机动化"正是公共汽车系统建设滞后造成的一种与理论不符合的现象。因此，笔者认为，中国目前最重要的是公共汽车部门的改革，提高其服务水平和竞争力。另一方面，必要时可以考虑在爆炸性机动化阶段采用限制机动车增长的政策，确保我国城市形态不会走上不可持续的机动化和城市化道路。

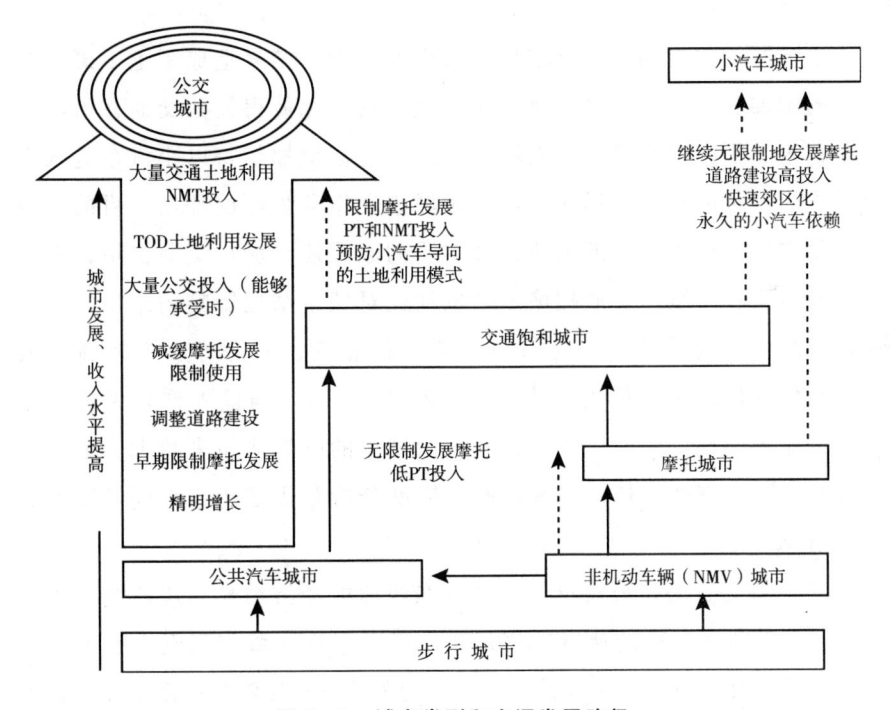

图 6-1 城市类型和交通发展路径

资料来源：Barter PA，(1999)，"An International Perspective on Urban Transport and Urban Form: The Challenge of Rapid Motorisation in Dense Cities". PhD. Thesis, Murdoch University, Western Australia, Perth。

第七章
结论与展望

7.1 主要结论

中国城市化的加速进行增加了城市的规模，结果造成了上下班通勤距离的增加和出行目的多样化，这样的市场变化使得公共交通在市场竞争中越来越不具有竞争力。而城市居民的财富增加使得以小汽车进入千家万户为特色的机动化迅速发展，对城市产生了强烈的冲击。目前中国机动化之所以得到公众的关注，最主要的原因还是城市交通拥堵，但以国外的经验看，城市交通拥堵不是机动化对城市结构影响的结果，而是对城市结构影响的开始。目前中国即使是北京、上海等收入较高的城市，其机动化水平（机动车的拥有量和使用量），与国外许多大城市相比，也比较偏低。因此，机动化对中国城市的影响将越来越大。本书的研究着眼于城市的可持续发展，通过模型分析和实证研究得到了以下的主要结论。

1. 一些已有的趋势将继续发展。在快速的经济增长和快速城市化的背景下，机动化进程的速度很难停止，机动车将在城市家庭中越来越普及，而且普及的速度仍然很快。对居民购车进行直接限制的政策往往将遭遇两面的尴尬：一方面需要与国家的汽车产业政策相协调，另一方面市场需求在受到政策措施压制的时候往往会以另一种扭曲的形式出现，结果可能反而增加社会总体成本，在国内部分城市中而不是在国家层面实施这一战略，几乎是注定要失败的。

2. 城市交通拥堵问题的出现来自城市与交通发展的不匹配，拥堵问题的缓解既可以通过改变城市来实现，也可以通过改变交通来实现，在现实中往往是二者同时进行。但任由机动车进程迅速发展，片面追求满足快速机动化带来的城市交通需求压力，就会导致城市有走上美国式蔓延发展的趋势。而以美国洛杉矶为例子而言，这种发展模式下城市居民个体的出行效率可能还会高一些，但其付出的土地等自然资源的代价非常之大，环境污染等问题也十分严重。中国的城市应该避免这种发展模式，走适合中国城市历史发展路径的可持续发展道路，及早制定应对机动化的策略。

3. 从上述结论看，一方面收入增长等因素对机动车增长拥有强烈推动作用，另一方面任由机动化与城市化的发展，很有可能走难以承受的蔓延式发展道路，因此，限制机动车的使用成为城市交通发展的重要战略。从模型分析看，机动化与城市发展是一个复杂的互动过程。城市居民的收入水平、城市周边农业用地的取得成本、交通用地规划和交通系统价格对比等因素对机动车的使用和城市结构都有较大的影响。

4. 从城市经济学的双交通模型看，不同参数的设置对应了不同城市的规模和结构，其解的空间覆盖较大。对解的分析说明模型对美国小汽车依赖性较强的城市和中国公交使用水平较高的城市都有较大的解释力。如果以城市空间规模和人口密度为政策目标，模型提供了一个有效的定量分析框架。双交通模型敏感性分析的重要结论和政策启示有（参见图4-13～图4-16）：

（1）收入增加是城市用地扩展、紧凑度降低的根本动力，但对小汽车使用水平的影响不大。这说明，在市场条件下对城市用地规划的设计，不能单纯按人口计算——这正是目前中国城市用地划拨的主要依据。如果从市场均衡的角度考虑，要满足不同财富水平城市用地的需求，在土地指标的规划中，应该充分考虑不同城市居民收入水平的差异，仅仅按人口总量进行土地调配，可能导致对市场的扭曲：富裕城市用地不足，而贫困地区用地富余。

（2）农业地租对城市紧凑发展影响较大，尤其是降低农业地租水平对城市紧凑度的影响比提高农业地租的影响更大。这意味着，当政策目标是要提高城市紧凑度，那么，即使不能提高农业地租，最好也不要降低它，因为提高带来的紧凑度提升可能有限，但降低农业地租可能导致紧凑度更大强度的下降。

（3）小汽车使用价格是唯一对城市紧凑度、小汽车使用水平和地租水平影响都较大的变量。这说明，私家车的价格控制能有效作用于多个政策目标。如果考虑小汽车的外部性，价格管制在理论上也是合理的。公共汽车与小汽车形成鲜明的对比：对城市紧凑度和地租的影响较小，而对城市交通价格（即交通拥堵程度）影响较大。这说明，公共汽车价格管制对城市形态的影响较小。

（4）交通用地供给状况对小汽车使用水平和交通拥堵的影响很大。尤其公共汽车道路用地的增加，对小汽车使用水平（减小）的影响最大。因此，公交专用道是有效的反机动化措施。

（5）城市人口规模增加与收入增加的效应类似，但更主要的是增加交通拥堵和地租水平，对城市密度的影响也较大。

5. 中国城市的道路设施还不足，用地比例较低，有必要增加城市道路设施，这是解决城市交通问题难以回避的。但良好的道路设施需要与防止小汽车依赖性增长的措施结合起来。从模型的分析看，道路的总供给也不一定对应较高的小汽车使用水平。控制小汽车使用比较有效的政策是：增加公共交通用地的比例、减少小汽车用地比例，或者增加小汽车使用成本。其中，增加小汽车使用成本是一个值得推荐的战略，虽然价格政策影响的多样性、定价与收费主体的分离等因素使得交通定价的具体操作是一个复杂的问题，但从模型分析的结果看，交通定价尤其是对小汽车的合理定价是一个减少小汽车依赖性的有效措施。

6. 中国由于城市交通部门的总体投资量不大，城市交通设施相对滞后，在一些城市的边缘区出现了"被动机动化"，不但加速了机动化进程，更重要的是对城市结构和城市交通中公共交通与小汽车的竞争产生了不利的影响。

7. 随着机动化的爆炸性发展，迫切需要制定有效的政策来限制机动车使用、引导城市紧凑发展，措施的有效性将面临严峻的挑战。

7.2 研究展望

在本书的写作过程中，小汽车对中国社会的影响正在急剧地增强：一边是高速增长的汽车产业和消费市场，一边是汽车过多造成的城市交通问题以及环境和能源的可持续发展问题，两难选择促使中国城市政府开始提倡"无车日活动"[①]，试图在汽车拥有和汽车使用之间寻求平衡。

但是，要从根本上解决机动化与城市发展之间的矛盾，仅仅依靠倡议是远远不够的，尽管可持续发展的理念已经得到了公认，但如果不能提供有效的公共交通措施满足城市居民的出行需求或者降低小汽车对公共交通的竞争力，那么过度机动化及其对城市发展的负面影响是难以避免的。

从未来的研究看，在中国特有的国情基础上，机动化对城市的影响可能出现一些特殊的问题，需要研究者在这一领域保持高度的敏感和重视，关注实际发生的趋势。对于地理学研究而言，尤其是对城市交通地理学这样一门年轻的学科，面对这样快速变化的机动化社会及其可能的变革性影响，需要快速加强理论建设和数据积累。

虽然模型方法有诸多局限，但正如慕斯所述，我们用现实来苛求模型，远远多于我们用模型来分析世界。从模型建设看，借助城市经济学杜能类范式来分析交通问题是一条可行的道路。本书通过模型研究，得到了一些有启示的结论，未来可能的方向：（1）在空间上从单中心模型发展到多中心模型进一步解释多中心城市的城市交通问题，从一维的距离变量扩展为二维的平面变量。（2）在时间上从静态模型扩展为动态模型。实际上，在上述两个方面国外已经有一定的突破，但在模型简练性和适用性上还有待进一步的突破。从实证分析看，地理学所关注的差异性更能为城市交通提供特有的视角，其综合性的学科思维能够弥补交通规划和交通工程技术等学科的不足。

随着经济的发展和城市化的深入，城市的结构调整将不可避免，而城

[①] 资料来源：《108个城市承诺开展'无车日'活动》，新华网，2007年8月31日，http://news.xinhuanet.com/newscenter/2007-08/31/content_6638982.htm。

市交通是城市结构的调整的重要内容，这种调整将越来越以环境、土地和能源约束，甚至社会公平为导向。以美国为例，其 CAAA 法（清洁空气法）、ISTEA 法、民权法案等都已经用于对抗小汽车的运动之中（戴特奇、张文尝，2006）。这些都是值得进一步深入研究的领域。小汽车依赖性与公共交通的竞争将长期存在，中国以什么样的城市形态走进机动化社会，是一个值得继续深入探讨的严肃课题。

附　录

附录 4.1　关于城市人口规模的假设

在前文论述中提及，米尔斯模型并不适用于特大城市，因为单中心城市的结构在人口规模过大的时候往往导致过于拥堵，结果改变大城市的结构。实际上，如果假设城市人口规模更大，也能得到一些有趣的结论。

如果简单地修改城市就业人口规模为 100 万——这种人口规模的城市一般被认为属于特大城市。由于总人口规模为原始模型 30 万人口城市的 3 倍多，因此这里也同时调整 CBD 的空间规模参数（e）为 3.5 英里。同时考虑到大城市对交通基础设施利用的规模效应，A_3 假设为 100000，而保持中国的工资和农业地租等其他参数设定不变。

经过计算，得到结果如下，城市半径约为 5.9，CBD 边缘的地租高达 99.6 万美元，是农业地租 3000 美元的 330 倍，且地租的空间分布随着距离的衰减极快。

可以得到的解可以解释如下。如果城市仍然为单中心，那么城市中心即使全部为交通（模型中假设为 15%，这一比例已经比实际偏高），拥堵费用也极高，结果导致居民更愿意靠近城市中心居住，虽然地租因此会更高。这样我们就得到了一个高度集中的单中心城市。这说明，在现实的参数条件下，单中心的理想城市至少在交通上就不可行，即使增加供给也不行。大城市的交通问题需要改变城市结构，而不是增加交通供给。

但是，如果认为城市规模过大产生断裂而形成多中心，每个多中心视为相对独立的单中心城市的话，则模型仍然有一定的说服力。

附录4.2 米尔斯对美国90万人口城市模型的敏感性分析

米尔斯对美国90万人口城市模型的敏感性分析表

参数设定	半径 （公里）	面积 （平方公里）	人口密度 （人/平方公里）	交通用地 比例(%)	$R(1)$	$R(3)$	$P_3(1)/2$	$P_3(3)/2$
初始情景	9	254	3543	19.7	66000	6040	0.97	0.51
$A_2=0.008$	8.4	222	4054	20.7	78500	5638	0.97	0.47
	(−20)	(−7)	(−13)	(+14)	(+5)	(+19)	(−7)	0	(−8)
$A_2=0.012$	9.6	289	3114	18.7	58000	6394	0.97	0.54
	(+20)	(+7)	(+14)	(−12)	(−5)	(−12)	(+6)	0	(+6)
$\alpha_2=0.16$	9.6	289	3114	18.7	52300	6581	0.97	0.57
	(−20)	(+7)	(+14)	(−12)	(−5)	(−21)	(+9)	0	(+12)
$\alpha_2=0.24$	8.1	206	4370	21.4	91500	5243	0.97	0.45
	(+20)	(−10)	(−19)	(+23)	(+9)	(+39)	(−13)	0	(−12)
$A_3=32000$	8.8	243	3704	20.2	170000	5769	1.36	0.55
	(−20)	(−2)	(−4)	(+5)	(+3)	(+158)	(−4)	(+40)	(+8)
$A_3=4800$	9.3	272	3309	19.1	37200	5989	0.74	0.46
	(+20)	(+3)	(+7)	(−7)	(−3)	(−44)	(−1)	(−24)	(−10)
$B_2=-0.08$	7.8	191	4712	22.5	94000	5164	0.97	0.44
	(−20)	(−13)	(−25)	(+33)	(+14)	(+42)	(−15)	0	(−14)
$B_2=0.12$	10.1	320	2813	17.8	51000	6680	0.97	0.58
	(+20)	(+12)	(+26)	(−21)	(−10)	(−23)	(+11)	0	(+14)
$\theta_1=1.35$	6.5	133	6767	25.9	155000	4110	0.97	0.36
	(−10)	(−28)	(−48)	(+91)	(+31)	(+135)	(−32)	0	(−29)
$\theta_1=1.65$	12.4	483	1863	14.8	35100	7557	0.97	0.68
	(+20)	(+38)	(+90)	(−47)	(−25)	(−47)	(+25)	0	(+33)
$\theta_2=12$	10.1	320	2813	17.8	43800	7159	0.97	0.6
	(−20)	(+12)	(+26)	(−21)	(−10)	(−34)	(+19)	0	(+18)
$\theta_2=-1.8$	8.2	211	4265	21.3	125000	4934	0.97	0.42
	(+20)	(−9)	(−17)	(+20)	(+8)	(+89)	(−18)	0	(−18)
$R=0.0004$	9.5	283	3180	18.7	58000	6363	0.97	0.64
	(−20)	(+6)	(+11)	(−10)	(−10)	(−12)	(+5)	0	(+25)

续表

参数设定	半径 (公里)	面积 (平方公里)	人口密度 (人/平方公里)	交通用地 比例(%)	$R(1)$	$R(3)$	$P_3(1)/2$	$P_3(3)/2$
$R=0.0006$	8.7	238	3782	21.3	74000	5801	0.97	0.48
	(+20)	(-3)	(-6)	(+7)	(+8)	(+12)	(-4)	0	(-6)
$\omega=20$	7.2	163	5521	23.9	115000	4728	0.97	0.4
	(-20)	(-20)	(-36)	(+56)	(+21)	(+74)	(-22)	0	(-22)
$\omega=30$	11.1	387	2326	16.3	46000	7113	0.97	0.6
	(+20)	(+23)	(+52)	(-34)	(-17)	(-30)	(+18)	0	(+18)
$R_A=640$	10	314	2866	17.8	65500	5972	0.97	0.52
	(-20)	(+11)	(+24)	(-19)	(-10)	(-1)	(-1)	0	(+2)
$R_A=960$	8.6	232	3879	20.7	67500	6246	0.97	1.5
	(+20)	(-4)	(-9)	(+7)	(+5)	(+2)	(+3)	0	(-2)
$P_3=0.32$	9.9	308	2922	18.2	57200	5858	0.93	0.5
	(-20)	(+10)	(+21)	(-18)	(-8)	(-13)	(-3)	(-4)	(-2)
$P_3=0.48$	8.6	232	3879	20.7	77000	6334	1.01	0.52
	(+20)	(-4)	(-9)	(+9)	(+5)	(+17)	(+5)	(+4)	(+2)
$\rho_1=0.8$	9.3	272	3309	19.1	46000	6000	0.82	0.48
	(-20)	(+3)	(+7)	(-7)	(-3)	(-30)	(+1)	(-15)	(-6)
$\rho_1=0.8$	9	254	3543	19.7	94000	6045	1.11	0.51
	(+20)	0	0	0	0	(+42)	0	(+14)	0
$\rho_2=0.8$	8.9	249	3614	19.7	65500	6533	0.9	0.52
	(-20)	(-1)	(-2)	(+2)	0	(-1)	(+8)	(-7)	(+2)
$\rho_2=0.8$	9.2	266	3383	19.2	69000	5753	1.04	0.5
	(+20)	(+2)	(+5)	(-5)	(-3)	(+5)	(-5)	(+7)	(-2)
$L_3=5.0$	8.8	243	3704	16	96500	5360	1.25	0.52
	(-20)	(-2)	(-4)	(+5)	(-19)	(+46)	(-11)	(+29)	(+2)
$N=240000$	8.9	249	2892	19.8	27500	5129	0.7	0.44
	(-20)	(-1)	(-2)	(-18)	(+1)	(-58)	(-15)	(-28)	(-14)
$N=360000$	9.1	260	4337	19.5	170500	6695	1.28	0.55
	(+20)	(+1)	(+2)	(+22)	(-1)	(+158)	(+11)	(+32)	(+8)

资料来源：Edwin S. Mills, Studies in the structure of the urban economy, The Johns Hopkins Press, 1972: 120-122。

参考文献

包晓雯：《国外经验对上海城市交通发展的启示》，《上海城市管理职业技术学院学报》2004年第13期，第19~21页。

保罗·切希尔、埃德温·S.米尔斯主编《区域和城市经济学手册》第三卷，《应用城市经济学》（安虎森，等，译），经济科学出版社，2003，第6页。

北京市城市规划设计研究院、北京市科学技术情报研究所课题组（冯文炯、刘德明等）：《世界大城市交通研究》，科学技术出版社，1991。

北京市交通委员会：《北京交通发展研究中心》，北京交通发展纲要，2004。

曹小曙、彭灵灵：《中国交通运输地理学近十年研究进展》，《人文地理》2006年第3期，第104~109页。

曹小曙、薛德升、阎小培：《城市交通运输地理发展趋势》，《地理科学》2006年第21期，第111~117页。

陈海燕、贾倍思：《紧凑还是分散？——对中国城市在加速城市化进程中发展方向的思考》，《城市规划》2006年第30（5）期，第61~69页。

仇保兴：《紧凑度和多样性——我国城市可持续发展的核心理念》，《城市规划》2006年第11期，第18~24页。

仇保兴：《我国城镇化的特征、动力与规划调控》，《城市发展研究》2003年第11期，第4~16页；第12期，第28~36页。

仇保兴：《我国耕地保护政策的悖论与对策初探》，《城市规划》2006

年第9期，第9~14页。

崔凤安：《城市交通发展要节约利用土地资源》，《综合运输》2006年第2期，第27~30页。

戴特奇、张文尝：《洛杉矶机动化的特殊性及其启示》，《交通运输系统工程与信息》2006年第5期，第122~128页。

丁成日：《土地价值与城市增长》，《城市发展研究》2002年第9（6）期，第48~53页。

丁成日、宋彦、Gerrit Knaap等：《城市规划与空间结构——城市可持续发展战略》，中国建筑工业出版社，2005，第230~231页。

方可：《当代北京旧城更新：调查·研究·探索》，中国建筑工业出版社，2000，第40~57页。

冯健、周一星、王晓光等：《1990年代北京郊区化的最新发展趋势及其对策》，《城市规划》2004年第3期，第13~29页。

冯健：《杭州市人口密度空间分布及其演化的模型研究》，《地理研究》2002年第5期，第635~646页。

冯健：《转型期中国城市内部空间重构》，科学出版社，2004，第231页。

顾翠红、魏清泉、黄文炜：《1980年代中期以来上海市住区开发的空间极化》，《现代城市研究》2008年第3期，第30~39页。

韩强：《发挥交通先导功能推进上海城市交通可持续发展》，《城市公交规划与管理》2004年第3期，第2~6页。

黄成、陈长虹、王冰妍等：《城市交通出行方式对能源与环境的影响》，《公路交通科技》2005年第11期，第163~166页。

黄建中：《特大城市用地发展与客运交通模式》，中国建筑工业出版社，2006，第82~85页。

黄肇义、徐慰慈：《ITS对国内城市交通规划影响的探讨》，《城市规划》1999年第6期，第60~63页。

姜启源：《数学模型》，高等教育出版社，2003，第13~18页。

蒋光胜、贺玉龙、杨孝宽：《北京小汽车发展策略研究》，《综合运输》2005年第3期，第66~69页。

吉勒姆：《无边的城市——论战城市蔓延》，叶齐茂、倪晓晖译，中国建筑工业出版社，2007，第52~87页。

凯文·林奇：《城市形态》，林庆怡等译，华夏出版社，2001，第172页。

肯尼思·巴顿：《交通经济学》，冯宗宪译，商务印书馆，2002，第20页。

肯尼思·科尔森：《大规划——城市设计的魅惑和荒诞》，游宏滔等译，中国建筑工业出版社，2006，第125页。

李兰冰：《我国城市交通拥挤的成因及其对策研究》，《理论学刊》2005年第6期，第33~35页。

李强、李晓林：《北京市近郊大型居住区居民上班出行特征分析》，《城市问题》2007年第7期，第55~59页。

S. 斯岱而斯和刘志：《专题论文1：中国的机动化：问题及对策》，载李小江、阎琪、赵小云编《中国城市交通发展战略》，中国建筑工业出版社，1997。

李雪铭、杜晶玉：《私家车增长对城市居住空间扩展影响研究——以大连市为例》，《现代城市研究》2007年第8期，第47~54页。

刘盛和、吴传钧、陈田：《评析西方城市土地利用的理论研究》，《地理研究》2001年第21期，第111~119页。

刘盛和：《城市土地利用扩展的空间模式与动力机制》，《地理科学进展》2002年第1期，第43~50页。

刘易斯·芒福德：《城市发展史——起源、演变和前景》，宋俊岭、倪文彦译，中国建筑工业出版社，2004，第446~524页。

陆化普、黄海军：《交通规划理论研究前沿》，清华大学出版社，2007，第1~2页。

陆化普：《解决城市交通问题的途径与方法》，《科技导报》（北京）1997年第6期，第42~44页。

陆锡明、陈必壮、薛美根等编《城市交通战略》，中国建筑工业出版社，2006，第30页。

陆锡明、王祥：《国际大都市交通发展战略》，《国外城市规划》2001

年第 5 期，第 17~19 页。

罗清玉、隽志才、孙宝凤等：《城市交通拥挤外部成本衡量方法研究》，《交通运输系统工程与信息》2007 年第 5 期，第 9~12 页。

马强：《走向"精明增长"：从小汽车城市到公共交通城市：国外城市空间增长理念的转变及对我国城市规划与发展的启示》，同济大学 2004 年博士学位论文。

马清裕、张文尝、王先文：《大城市内部空间结构对城市交通作用研究》，《经济地理》2004 年第 2 期，第 215~220 页。

马清裕、张文尝：《北京市居住郊区化分布特征及其影响因素》，《地理研究》2006 年第 1 期，第 123~131 页。

迈克·詹克斯、伊丽莎白·伯顿、凯蒂·威廉姆斯：《紧缩城市——一种可持续发展的城市形态》，中国建筑工业出版社，2004。

毛蒋兴、阎小培：《城市土地利用模式与城市交通模式关系研究》，《规划师》2002 年第 7 期，第 69~72 页。

美国交通部联邦公路管理局：《实施有效交通需求管理——TDM 在美国》王刚编译，中国人民公安大学出版社，2004，第 1~7 页。

米歇尔·米绍、张杰等：《法国城市规划 40 年》，社会科学文献出版社，2007，第 18~38 页。

牟凤云、张增祥、迟耀斌等：《基于多源遥感数据的北京市 1973－2005 年间城市建成区的动态监测与驱动力分析》，《遥感学报》2007 年第 2 期，第 257~268 页。

乔纳森·利普：《伦敦交通拥挤的代价》，赵文译，《经济社会体制比较》2007 年第 3 期，第 1~11 页。

沈建法、王桂新：《90 年代上海市中心城人口分布及其变化趋势的模型研究》，《中国人口科学》2000 年第 5 期，第 45~52 页。

世界银行：《畅通的城市：世界银行城市交通战略评估报告》，中国财政经济出版社，2006，第 25~26 页。

宋敏华：《面对当前城市轨道交通建设热的冷静思考》，《都市快轨交通》2004 年第 1 期，第 16~20 页。

孙斌栋、胥建华：《上海城市交通的战略选择：空间结构的视角》，

《城市规划》2007年第8期，第62~67页。

孙立军：《上海城市交通建设中的可持续发展战略》，《上海环境科学》1998年第1期，第10~12页。

汤姆逊·J. M：《城市布局与交通规划》，倪文彦、陶吴馨译，中国建筑工业出版社，1982，第54~60页。

藤田昌九、保罗·克鲁格曼、安东尼·J. 维纳布尔斯：《空间经济学——城市、区域与国际贸易》，梁琦主译，中国人民大学出版社，2005。

田鸿宾、张金彪、那允伟：《地下世界——地铁、水底隧道、地下公共建筑、地下旅游胜地、地下防御工事》，人民交通出版社，2003，第199页。

田莉、庄海波：《城市快速轨道交通建设和房地产联合开发的机制研究——以广州市为例的思考》，《城市规划汇刊》1998年第2期，第30~34页。

汪光焘：《城市交通规划面临的形势与任务》，《城市交通》2006年第1期，第1~4页。

王缉宪：《中国大城市交通运输即将面临的困境及出路》，《电子与金系列工程信息》1999年第8期，第21~25页。

王缉宪：《城市群的土地使用和交通发展：规划、政策与政治》，《国外城市规划》2002年第6期，第1~3页。

王晓川：《城市规划对房地产开发的调控》，中国电力出版社，2006，第142~144页。

威廉·阿朗索：《区位和土地利用——地租的一般理论》，梁进社等译，商务印书馆，2007，第1~18页。

卫明：《我国特大城市中家庭小汽车的发展研究与客运交通规划改进的探讨》，同济大学博士学位论文，1999，第11~53页。

魏后凯：《中国大城市交通问题及其发展政策》，《城市发展研究》2001年第2期，第27~32页。

文国玮：《城市交通与道路系统规划》，清华大学出版社，2001，第3页。

《小轿车与城市发展学术研讨会纪要》，《城市规划》1995年第4期，第51~53页。

肖永清：《经济型轿车正走向普通百姓家庭》，《企业集团导刊》2001年第3期，第54~56页。

胥晓瑜、傅立新、张洪讯等：《轻型机动车尾气排放测试研究》，《环境污染与防治》2001年第6期，第280~283页。

徐骅、金凤君：《国际经验与我国机动化发展研究》，《软科学》2006年第4期，第24~28页。

徐循初、汤宇卿：《城市道路与交通规划》（上册），中国建筑工业出版社，2005，第4页。

许寒斌、张振梁：《住宅地理位置差异逐渐被出行的时、距所同化》，《市场研究》2006年第9期，第14~16页。

闫军：《城市道路分类与城市用地关系》，《城市规划》1997年第4期，第24~26页。

杨涛：《我国城市机动化问题的认识与对策》，《现代城市研究》2004年第1期，第24~30页。

杨吾杨、张国伍、王富年等：《交通运输地理学》，商务印书馆，1986，第370~408页。

杨荫凯：《机动化的阶段性发展理论及我国机动化道路的选择》，中国科学院地理科学与资源研究所2005年博士学位论文。

约翰·冯·杜能：《孤立国同农业和国民经济的关系》，商务印书馆，1986。

约翰斯顿·R.J：《哲学与人文地理学》，蔡运龙、江涛译，商务印书馆，2001。

张国初：《从经济学角度看城市的交通问题》，《中国科技产业》2006年第7期，第50~51页。

张建仁、严新平、王炜等主编《中国交通研究与探索》（下册），人民交通出版社，2003，第134~139页。

张仁琪、高汉初、胡子祥：《中国人的轿车梦》，机械工业出版社，1997，第1、243页。

张文忠、刘盛和：《住宅区位选择的机理研究》，《北京规划建设》2000年第3期，第5~7页。

赵燕菁：《高速发展条件下的城市增长模式》，《国外城市规划》2001年第1期，第27~33页。

郑国、周一星：《北京经济技术开发区对北京郊区化的影响研究》，《城市规划学刊》2005年第6期，第23~26页。

郑正、扈媛：《从住区的可持续发展看我国城市住宅面积标准和小汽车进入家庭》，《城市规划学刊》1998年第2期，第43~44页。

中国工程院等编：《私人轿车与中国》，机械工业出版社，2003，第15~48页。

周江评：《缓解我国城市道路交通问题的若干思考》，《城市规划汇刊》2001年第1期，第68~71页。

周江评：《中国城市交通规划的历史、问题和对策初探》，《城市交通》2006年第3期，第33~37页。

周一星、孟延春：《北京城市郊区化趋势及对策研究》，科学出版社，2000。

周一星、于海波：《以"五普"数据为基础对我国城镇化水平修补的建议》，《统计研究》2002年第4期，第44~47页。

周一星：《北京的郊区化及引发的思考》，《地理科学》1996年第3期，第198~206页。

周一星：《对城市郊区化要因势利导》，《城市规划》1999年第4期，第13~17页。

朱世娇：《睡城？堵城？现代商业与大型社区为何融不到一起——回龙观、望京、亚运村、天通苑商业形态引起各方关注》，《北京房地产》2004年第8期，第20~25页。

Recktenwald G.：《数值方法和MATLAB实现与应用》，伍卫国等译，机械工业出版社，2004。

Alonso W., *Location and Land Use: towards a general theory of land rent* (Cambridge MA: Harvard University Press, 1964).

Anas A., R. Arnott, and K. A. Small, "Urban Spatial Structure," *Journal* of Economic Literature 36 (1998), pp. 1426 – 1464.

Anas A., *Modeling in Urban and Regional Economics* (London: Routledge, 2001), p. 3.

Anas A., and L. N. Moses, "Mode Choice, Transport Structure and Urban Land Use," *Journal of Urban Economics* 6 (1979), pp. 228 – 246.

Anas A., "Dynamics of Urban Residential Growth," *Journal of Urban Economics* 5 (1978), pp. 66 – 87.

Banister D., *Transport Planning* (2nd ed.) (New York; London: Spon Press, 2002), pp. 1 – 3.

Boone C. G., "Real Estate Promotion and the Shaping of Los Angeles," *Cities* 15 (1998), pp. 155 – 163.

Brueckner J. K., "Urban Sprawl: Diagnosis and Remedies," *International Regional Science Review* 23 (2000), pp. 160 – 171.

Cervero R., *The Transit Metropolis: a global inquiry* (WA: ISLAND Press, 1998).

Chen A., "Urbanization and disparities in China: challenges of growth and development," *China Economic Review* 13 (2002), pp. 407 – 411.

Cullinane S., and K. Cullinane, "Car dependence in a public transport dominated city: evidence from Hong Kong," *Transportation Research Part D: Transport and Environment* 8 (2003), pp. 129 – 138.

Cullinane S., "The Relationship between Car Ownership and Public Transport Provision: a case study of Hong Kong," *Transport Policy* 1 (2002), pp. 29 – 39.

Cullingworth B., and R. W. Caves, *Planning in the USA: policies, issues, and processes* (2nd ed). (Routledge Taylor & Francis Group, 2003), pp. 27 – 31.

Dargay J., and D. Gately, "Income's effect on car and vehicle ownership, worldwide: 1960 – 2015," *Transportation Research Part A: Policy and Practice* 2 (1999), pp. 101 – 138.

Ewing R., "Is Los Angeles-style sprawl desirable?" *Journal of the American*

Planning Association 63（1997），pp. 107 – 126.

Flink J. J., *America Adopts the Automobile*：1895 – 1910（Cambridge：MIT Press, 1970），p. 112.

Foster M. S., *From streetcar to superhighway*：*American city planners and urban transportation*, 1900 – 1940（Philadelphia：Temple University Press, 1981）.

Fujita M., *Urban Economic Theory*：*land use and city size*（NY：Cambridae Univ. Press, 1989）.

Gakenheimer R., "Urban mobility in the developing world," *Transportation Research Part A*：*Policy and Practice* 33（1999），pp. 671 – 689.

Mohring H., "Congestion" in J. A. Gómez-Ibáñez, W. B. Tye, and C. Winston, eds., *Essays in transportation economics and policy*.（Washington, D. C.：Brookings Institution Press, 1999），pp. 181 – 221.

Gordon P., H. W. Richardson, and M. J. Jun, "The commuting paradox：Evidence from the top twenty," *Journal of the American Planning Association* 4（1991），pp. 416 – 420.

Gordon P., and H. W. Richardson, "Gasoline Consumption and Cities-A Reply," *Journal of the American Planning Association* 55（1989），pp. 342 – 346.

Hall P., *Cities in Civilization*：*Innovation and Urban Order*（London：Weidenfeld & Nicolson, 1998），pp. 815 – 831.

Hall P., *The World Cities*（UK：World Uuniversity Library, 1966），pp. 29 – 30.

Hanson S., *Geography of Urban Transportation*（2nd ed.）（NY：The Guilford Press, 1995），pp. 316 – 333.

Haring J. E., S. Thomas, and C. Jeffrey, "The impact of alternative transportation systems on urban structure," *Journal of Urban Economics* 3（1997, 1），pp. 14 – 30.

Henderson V., and A. Mitra, "The new urban landscape-Developers and edge cities," *Regional Science and Urban Economics* 26（1996），pp. 613 – 643.

Hensher D. A., "The imbalance between car and public transport use in urban Australia: why does it exist?" *Transport Policy* 5 (1998, 4), pp. 193 – 204.

Hoyle B., and R. Knowles, *Modern Transport Geography* (2nd ed.) (Chichester; New York: Wiley, 1998), p. 115, 120 – 122, 342 – 343.

Kasarda J. D., and A. M. Parnell, eds., *Third World Cities: Problems, Policies and Prospects* (Calif, Newbury Park, Sage Publications, 1993).

Kenworthy J. R., and F. B. Laube, "Patterns of Automobile Dependence in Cities: an international overview of key physical and economic dimensions with some implications for urban policy," *Transportation Research Part A: Policy and Practice* 33 (1999, 7 – 8), pp. 691 – 723.

Lewis T., *Divided highways: building the interstate highways, transforming American life* (US: Viking Penguin, 1997), pp. 1 – 3.

Lindley J A. Urban Freeway Congestion: Quantification of the Problem and Effectiveness of Potential Solutions. Institute of Traffic Engineers Journal, 1987, 57 (1): 27 – 32.

Liu Jiang, *China's regional development Strategy in 21st century* (Beijing: Wujia Press, 2003), pp. 124 – 155.

Los Angeles County MTA, "2001 Long Range Transportation Plan-Executive Summary", http://www.mta.net/projects_plans/default.htm.

Meadows D. H., "So What Can We Do—Really Do—About Sprawl". The Global Citizen, 1999, http://www.pcdf.org/.

Mills E. S., *Studies in the structure of the urban economy* (MA: The Johns Hopkins Press, 1972), pp. 96 – 136.

O'Kelly M. E., "A Geographer's Analysis of Hub-and-spoke Networks," *Journal of Transport Geography* 6 (1998, 3), pp. 171 – 186.

Ommeren J. V., and p. Rietveld, "The commuting time paradox," *Journal of Urban Economics*, 58 (2005, 3), pp. 437 – 454.

Pasquale D. D., and W. C. Wheaton, *Urban Economics and Real Estate Markets* (NJ: Prentice-Hall, 1996), pp. 1 – 21.

Paulley N., R. Balcombe, R. Mackett, H. Titheridge, J. Preston,

M. Wardman, J. Shires, p. White, "The demand for public transport: The effects of fares, quality of service, income and car ownership," *Transport Policy* 13 (2006, 4), pp. 295 – 306.

Pitfield D., *Transport Planning, Logistics, and Spatial mismatch: a regional science perspective* (London: Pion Press, 2001), pp. 169 – 177.

Ryan S., and J. A. Throgmorton, "Sustainable transportation and land development on the periphery: a case study of Freiburg, Germany and Chula Vista," *California. Transportation Research Part D: Transport and Environment* 8 (2003), pp. 37 – 52.

Schrank D., and T. Lomax T, "The 2005 Urban Mobility Report," Texas Transportation Institute, The Texas A&M University System, http://mobility.tamu.edu.

Shoshany M., and N. Goldshleger, "Land-use and Population Density Changes in Israel—1950 to 1990: analysis of regional and local trend," *Land Use Policy* 19 (2002, 2), pp. 123 – 133.

Squires G. D., *Urban Sprawl: Causes, Consequences, and Policy Responses* (US: The Urban Institute Press, 2002), pp. 1 – 3.

Tokunaga S., *Landownership and Residential Land Use in Urban Economies: Existence and Uniqueness of the Equilibrium* (Tokyo: Springer-Verlag, 1996).

Transport for London (TFL), "Central London congestion charging scheme impact monitoring," 2005.

Vasconcellos, Eduardo Alcantara de, *Urban transport, environment and equity: the case for developing countries* (UK and USA: Earthscan Pulications Ltd, 2001), pp. 21 – 22.

Zahavi Y., Travel Characteristics in Cities of Developing and Developed Countries (World Bank Staff Working Paper, No. 230, Washington D. C., 1976).

图书在版编目(CIP)数据

机动化对城市发展的影响及对策研究：基于阿朗索模型的分析/戴特奇著. —北京：社会科学文献出版社，2014.8
　ISBN 978-7-5097-5835-9

　Ⅰ.①机… Ⅱ.①戴… Ⅲ.①城市-发展-研究-中国 Ⅳ.①F299.2

中国版本图书馆CIP数据核字（2014）第059716号

机动化对城市发展的影响及对策研究
——基于阿朗索模型的分析

著　　者／戴特奇

出 版 人／谢寿光
出 版 者／社会科学文献出版社
地　　址／北京市西城区北三环中路甲29号院3号楼华龙大厦
邮政编码／100029

责任部门／人文分社（010）59367215　　责任编辑／孙以年
电子信箱／renwen@ssap.cn　　　　　　　责任校对／李文明
项目统筹／宋月华　袁清湘　　　　　　　责任印制／岳　阳
经　　销／社会科学文献出版社市场营销中心（010）59367081　59367089
读者服务／读者服务中心（010）59367028

印　　装／北京鹏润伟业印刷有限公司
开　　本／787mm×1092mm　1/16　　　印　张／11.75
版　　次／2014年8月第1版　　　　　　字　数／186千字
印　　次／2014年8月第1次印刷
书　　号／ISBN 978-7-5097-5835-9
定　　价／59.00元

本书如有破损、缺页、装订错误，请与本社读者服务中心联系更换
△版权所有　翻印必究